Alexander Kobs

Die zehn Lebensempfehlungen des Yoga

Alexander Kobs

Die zehn Lebensempfehlungen des Yoga

Bewusst leben mit den Yamas und Niyamas

WINDPFERD

2. Auflage 2018
© 2012 Windpferd Verlagsgesellschaft mbH, Oberstdorf
Alle Rechte vorbehalten
Umschlaggestaltung: Guter Punkt GmbH & Co. KG, München
Bildquelle Cover: il67/shutterstock
Layout und Grafik: Marx Grafik & ArtWork
Lektorat: Doris Wolter
Korrektorat: Barbara Wermann
Gesetzt aus der Adobe Garamond
Druck und Bindung: C. H. Beck, Nördlingen

MIX
Papier aus verantwor-
tungsvollen Quellen
FSC® C019821
FSC
www.fsc.org

Printed in Germany
ISBN 978-3-86410-027-7
www.windpferd.de

Widmung

In Dankbarkeit
für Elke Bürger, Oliver Gerken und Sabine Schimon.

Die Welt in ihrer Tiefe verstehen heißt den Widerspruch verstehen.
FRIEDRICH WILHELM NIETZSCHE [1]

Inhalt

NIYAMAS – IM EINKLANG MIT SICH LEBEN

Einleitung

Wir verfolgen unterschiedliche Ziele im Leben, aber uns verbindet letztendlich ein gemeinsames Bedürfnis: Jeder Mensch versucht Gesundheit und Lebenssinn zu finden, sein Glück und seine Zufriedenheit zu erhöhen, sowie sein Leiden zu vermindern – und dies auf seine ganz persönliche Art und Weise.

Um das zu erreichen, sind jeden Tag Entscheidungen zu fällen, so zum Beispiel:
* wie wir uns in bestimmten Situationen verhalten wollen,
* welchen Lebensstil wir bevorzugen,
* welcher Tätigkeit wir nachgehen wollen,
* mit welchen Menschen wir Zeit verbringen möchten
* und welche Werte und Visionen für uns essenziell sind.

Unsere komplexe Welt bietet ungezählte Möglichkeiten, die uns täglich viele solcher Entscheidungen abverlangen. Welche ethischen Grundwerte liegen meinen Entscheidungen dabei zugrunde? Wie will ich mein eigenes Leben verwirklichen – und das möglichst auf integere und authentische Weise? Wo kann ich meine individuellen Bedürfnisse mit denen meiner Umgebung verknüpfen, ohne mir selbst oder anderen in irgendeiner Form Gewalt anzutun?

Die zehn Yamas und Niyamas geben Antwort auf solche Fragen – als freiwillige Selbstverpflichtungen, Handlungsregeln oder als Lebensempfehlungen des Yoga. Martin Luther King, Mahatma Gandhi und Nelson Mandela beispielsweise setzten einige dieser yogischen Prinzipien so erfolgreich um, dass die politische und gesellschaftliche Landkarte des letzten Jahrhunderts dadurch entscheidend verändert und nachhaltig geprägt wurde. Eine konsequente Anwendung dieser ethischen Leitlinien könnte transformierende Wirkung auf unseren Planeten haben – wenn wir sie ernst nehmen und im täglichen Leben praktizieren.

Yamas und Niyamas wirken durch unser Wesen und Verhalten, ohne uns selbst und andere dogmatisch zu beeinflussen oder gar zu entmündigen. Bei stetiger Anwendung werden wir durch sie darin unterstützt, das Leben zu vereinfachen. Potenzielle Probleme werden im Vorfeld angegangen und kommen dadurch nicht zur Entfaltung. Stress und Konfusion reduzieren sich, auch für unsere unmittelbare Umgebung. Denn ist es nicht manchmal so, dass wir nicht nur Probleme mit uns selbst haben, sondern das eigene Verhalten gleichzeitig auch ein Problem für andere darstellt?

Das Anwenden dieser yogischen Prinzipien erfordert Mut und Konsequenz, jedoch immer innerhalb der eigenen, individuellen Kapazität. Niemand verlangt „Unmögliches". Wir sollten in der alltäglichen Umsetzung nicht die eigenen Grenzen oder die der Mitmenschen überschreiten. Gleichwohl besitzt Yoga ein forderndes Element. Yoga ermuntert uns, das Beste zu geben und dennoch „Fehlschläge" liebevoll zu akzeptieren.

Die Devise lautet also: ausprobieren – Erfahrungen sammeln, diese reflektieren und behutsam ins Leben integrieren. Der Weg des Selbststudiums und der Selbsttransformation kann dem Leben eine Richtung geben und es mit neuer Qualität bereichern. Fortgeschrittene und praktische Spiritualität beginnt und endet für einen Yoga-Praktizierenden mit dem Üben vieler Facetten der zehn Lebensprinzipien.

In jedem Menschen liegt die Kraft und das Potenzial, die Welt positiv zu gestalten – selbst wenn der eigene Beitrag klein erscheinen mag und für andere Menschen unsichtbar ist. Deswegen ist er nicht weniger wert. Wichtig ist, einen Schritt zu tun. In welche Richtung dieser Schritt geht, liegt vollständig bei uns.

Die Yamas und Niyamas bergen eine umfassende Philosophie in sich, die unterschiedliche Yogarichtungen und Yogaschulen unterschiedlich gewichtet interpretieren, teilweise mit weit auseinanderliegenden Polaritäten und Deutungen, die in einem Buch nicht komplett wiedergegeben werden können und sollen. Bitte denken Sie daran, dass kein Weiser oder Heiliger dieses Buch geschrieben hat. Als Autor erhebe ich weder Anspruch auf komplette Vollständigkeit noch auf eine absolute Wahrheit, die letztlich nur meine Wahrheit und Wertigkeit wäre und andere Gedanken und Meinungen über Yamas und Niyamas ausschließt. Die yogischen Lebensempfehlungen ermöglichen uns einen weiten Raum für Dialog und Diskussion.

Abschließend sei der Hinweis erlaubt, dass niemand eine Reise in den Fußstapfen eines anderen beginnen kann. Gehen Sie eigene Schritte. Starten Sie dort, wo Sie heute sind, und haben Sie Vertrauen in sich selbst; der Rest entwickelt sich.

Beim Kennenlernen und Üben der Yamas und Niyamas wünsche ich Ihnen Geduld, Ausdauer, Freude und viel Erfolg.

Herzlichst
Alexander Kobs
Hamburg, Juli 2012

Die Bedeutung der Yamas und Niyamas im Yoga

Warum kommen Menschen zum Yoga?

Wie bleibe ich gesund? Wie halte ich den Anforderungen von Beruf und Familie besser stand? Wo verbergen sich innere Ressourcen und Kraftquellen? Wie kann ich mich von körperlichen Spannungen und mentalem Ballast lösen?

Stress ist ein weit verbreitetes Phänomen in der modernen Gesellschaft. Bereits 1994 titelte das Magazin Focus *Stress – der Krankmacher Nr. 1 und Seuche des 20. Jahrhunderts,* und diese Headline lässt sich problemlos auch ins 21. Jahrhundert übertragen. Im Januar 2011 lautete der Leitartikel des Magazins Spiegel *Ausgebrannt – Das überforderte Ich;* anhand von Einzelschicksalen und Untersuchungen wird hier gezeigt, wie Burn-out, Stress und Depressionen Millionen Deutsche epidemienartig heimsuchen.[2] Solche Aufmacher zieren also auch heutzutage regelmäßig die Titelseiten der Zeitschriften und anderer Medien in Deutschland. Beruflicher Stress wurde inzwischen von der Weltgesundheitsorganisation (WHO) zu „einer der größten Gefahren des 21. Jahrhunderts" erklärt.

Durch ständig steigende Anforderungen und zunehmende Leistungsverdichtung bleiben Gesundheit und Ganzheitlichkeit oft auf der Strecke – mit schwerwiegenden physischen und mentalen Konsequenzen.

Yoga unterstützt uns dabei, wirksam gegen Stress vorzugehen und eine gesunde Stressresistenz aufzubauen. Da der Mensch im Yoga als mehrdimensionales Wesen gesehen wird, kann der Praktizierende die für ihn passenden Übungen auf vier Ebenen auswählen.

Abbildung 1: Warum kommen Menschen zum Yoga?

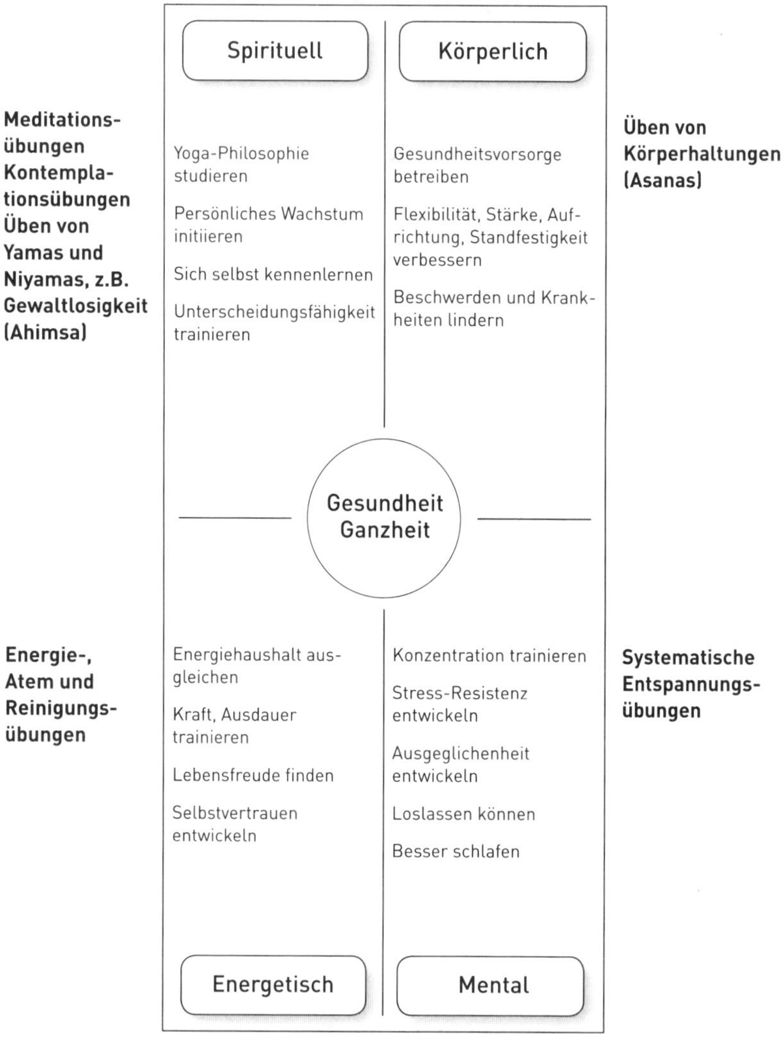

	Spirituell	**Körperlich**	
Meditations-übungen Kontempla-tionsübungen Üben von Yamas und Niyamas, z.B. Gewaltlosigkeit (Ahimsa)	Yoga-Philosophie studieren Persönliches Wachstum initiieren Sich selbst kennenlernen Unterscheidungsfähigkeit trainieren	Gesundheitsvorsorge betreiben Flexibilität, Stärke, Auf-richtung, Standfestigkeit verbessern Beschwerden und Krank-heiten lindern	**Üben von Körperhaltungen (Asanas)**

Gesundheit Ganzheit

Energie-, Atem und Reinigungs-übungen	Energiehaushalt aus-gleichen Kraft, Ausdauer trainieren Lebensfreude finden Selbstvertrauen entwickeln	Konzentration trainieren Stress-Resistenz entwickeln Ausgeglichenheit entwickeln Loslassen können Besser schlafen	**Systematische Entspannungs-übungen**
	Energetisch	**Mental**	

14

Physische Ebene: Viele Menschen besuchen Yoga-Kurse aufgrund von körperlichen Beschwerden, wie zum Beispiel Verspannungen, Kopfschmerzen, Rückenschmerzen, Problemen mit der Schilddrüse oder Bluthochdruck. Bestimmte Reinigungstechniken (Shatkarmas) lösen festsitzende Schlacken im Körper und stärken das Immunsystem. Flexibilität und Stärke werden durch Körperübungen (Asanas) wiedergewonnen. Darüber hinaus ist Yoga ein anerkanntes Mittel, um Krankheiten vorzubeugen und das Wohlbefinden aufrechtzuerhalten.

Mentale Ebene: Spezielle Übungen wie systematische Entspannungsübungen oder Konzentration auf den Atem helfen zum Beispiel bei Konzentrationsschwäche. Des Weiteren kann auch die Instanz eines inneren neutralen Beobachters erfahren werden – verknüpft mit einem „Loslassen" sowie einem „Im-Hier-und-Jetzt-Sein". Solche Kompetenzen tragen zur besseren Bewältigung diverser persönlicher, beruflicher und familiärer Herausforderungen bei. Das Loslassen half mir beispielsweise sehr konkret bei jahrelangen, schweren Schlafstörungen. Heute schlafe ich schnell und tief ein, was mich morgens ausgeruht und mental stabil in den Alltag gehen lässt.

Energetische Ebene: Energie beeinflusst unsere Stimmungen und Gedanken: Beispielsweise verspüren wir eine innere Schwere oder innere Leichtigkeit, wir sind träge oder beschwingt. Yoga kann – je nach angewandter Übungsform – Energien in uns aufbauen oder besänftigen und dadurch ausgleichend wirken. Nach meinen ersten Yoga-Stunden als Teilnehmer registrierte ich zudem erstaunt, wie erleichtert und energetisch aufgeladen ich mich fühlte, obwohl doch scheinbar im Unterricht so wenig passierte. Es tat mir gut, wieder aufrecht zu gehen und tiefer zu atmen. Bekannte fragten ernsthaft, ob ich „gewachsen" sei. Durch die Energiearbeit des Yoga kam ich auch mit meinem Alltag besser zurecht.

Spirituelle Ebene: Die innere Auseinandersetzung mit dem Yoga führt zu der Erkenntnis, dass der Mensch aus mehr besteht als nur aus dem sichtbaren physischen Körper. Während wir uns körperlich, energetisch, gedanklich und gefühlsmäßig besser kennen lernen und verstehen, entwickeln wir zusätzlich mithilfe der Yoga-Philosophie eine Vorstellung davon, wer wir im Kern unseres spirituellen Wesens eigentlich sind und in welchen Lebensbereichen wir eventuell noch weiter an uns arbeiten sollten. Hier können beispielsweise folgende Fragen auftauchen:

- Wer bin ich?
- Was ist der Sinn meines Daseins?
- Wo liegen die Potenziale, die ich im Leben entdecken will?
- Wo stoße ich auf (eventuell immer dieselben) Schwierigkeiten?
- Wie kann ich mit weniger Furcht und Schmerz leben – und stattdessen mit mehr Freude und Leichtigkeit?
- Wie kann ich tieferen Zugang zu meiner Spiritualität erlangen?

Möglicherweise gibt das Studium des Yoga hierauf tiefgreifende Antworten. Beeinflusst werden diese Fragen:

- dadurch, wer wir sind,
- dadurch, was wir denken und fühlen,
- dadurch, was wir von uns selbst halten,
- dadurch, was wir tatsächlich tun (oder auch nicht tun),
- durch die Situationen, in die wir uns begeben oder geraten,
- durch die Menschen, mit denen wir zusammen arbeiten und leben,
- durch Einflüsse, die aus der planetarischen Gemeinschaft wirken (wirtschaftlich, politisch, sozial und ökologisch).

In diesen Spannungsfeldern voller Herausforderungen geben Yamas und Niyamas wertvolle Hinweise. Welcher Art diese Empfehlungen sind, ist Thema dieses Buches.

Der königliche Weg des Raja-Yoga

Ein Haus bedarf fester Fundamente. Ohne die Grundregeln von Yama und Niyama zu praktizieren, die ein festes Fundament für den Aufbau des Charakters bilden, kann es keine einheitliche Persönlichkeit geben. Wenn man die Asanas ohne Yama und Niyama ausführt, sind sie nichts anderes als Akrobatik.

B. K. S. IYENGAR[3]

Yoga definiert sich als praktisch-methodischer und zugleich als psychologischer und mystischer Übungsweg, der seit Jahrtausenden hilft, verborgenes Potenzial im Menschen zu erkennen und zu entfalten. Die Philosophie des Yoga beinhaltet eine reichhaltige Sammlung von Empfehlungen, Techniken und ethischen Grundhaltungen, mit denen der Schüler durch Selbststudium und regelmäßige Übungspraxis schrittweise Erfahrungen auf seinem Weg sammelt. Ziel ist letztlich, den Suchenden seiner wahren Wesensnatur entgegenzuführen.

In einer Zeit von zunehmendem Stress, größer werdender Komplexität und ständig wachsenden Bedürfnissen bietet der Yoga Werkzeuge, die die Entwicklung von Gesundung, innerer Harmonie, geistiger Klarheit und friedvollen Beziehungen fördern. Seine Lehren sind dabei nicht auf eine bestimmte Erdregion, Menschengruppe, Religion oder ein bestimmtes Alter oder Geschlecht beschränkt. Der Wissens- und Erfahrungsschatz ist für jeden verfügbar und nutzbar. Was zählt, ist die eigene Bereitschaft, sich auf die Übungen und Philosophie einzulassen und diese umzusetzen.

Yoga blickt auf eine lebendige Tradition zurück, deren Anfänge im Mysterium der frühen Menschheitsgeschichte verschwinden. Niemand gilt als „Erfinder", aber unter vielen schriftlichen Überlieferungen ragt ein Lehrer namens Patanjali hervor. Er verschlüsselte seine Erkenntnisse und Praktiken in einer Sammlung von 196 Versen, den *Yoga-Sutras*. Wann genau das geschah, ist unbekannt, aber manche Gelehrte datieren die Entstehung dieser Yogaschrift um

17

etwa 200 Jahre vor unserer Zeitrechnung, also auf einen Zeitpunkt vor gut 2200 Jahren.

Patanjali beschreibt als ein Ziel des Yoga die Beseitigung allen Leidens. Als Weg dorthin empfiehlt er Ashtanga-Yoga, die achtblättrige Blüte des Yoga. Swami Vivekananda nannte diese Übungsmethodik Raja-Yoga, den königlichen Weg.

Abbildung 2: Raja-Yoga – Der königliche Yoga-Weg

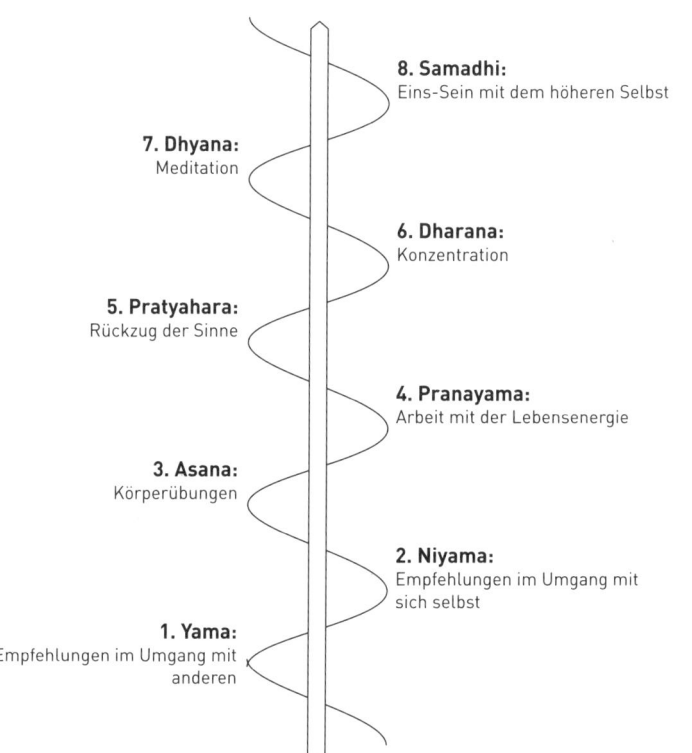

8. Samadhi:
Eins-Sein mit dem höheren Selbst

7. Dhyana:
Meditation

6. Dharana:
Konzentration

5. Pratyahara:
Rückzug der Sinne

4. Pranayama:
Arbeit mit der Lebensenergie

3. Asana:
Körperübungen

2. Niyama:
Empfehlungen im Umgang mit sich selbst

1. Yama:
Empfehlungen im Umgang mit anderen

Der achtgliedrige Aufbau beleuchtet die systematische Struktur des Raja-Yoga. Menschen mit unterschiedlichem Hintergrund, egal ob Familienvater oder Eremit, können ihn gleichermaßen beschreiten. Patanjali verspricht Balance und Harmonie auf physischer, mentaler, energetischer und spiritueller Ebene – mit anschließender Verwirklichung und Entfaltung der innersten Persönlichkeit. Die Erkenntnis über das wahre Selbst wird nicht im Außen gesucht. Tief im Inneren vergraben, aber nicht hoffnungslos verschüttet, liegt ein verborgener Schatz, der durch aufrichtiges und ernsthaftes Üben des Raja-Yoga gehoben wird. Die Übenden werden Stufe für Stufe zum Samadhi geführt: einem Bewusstseinszustand, der in der Innenschau als „Eins-mit-Allem" erlebt wird und der uns erkennen lässt, dass wir selbst Teil des kosmischen Bewusstseins sind.

Die einzelnen Stufen in der Übersicht:

1. Yamas sind fünf Empfehlungen hinsichtlich der inneren Einstellung und dem sozialen Verhalten zu anderen gegenüber. Sie fördern positive zwischenmenschliche Beziehungen in der Familie und der Gesellschaft. Ohne sie würden Auseinandersetzungen, Konflikte und Ablenkungen in einem Maße auftreten, die den Yoga-Weg massiv stören würden. *Gewaltlosigkeit* ist der Eckpfeiler und oberstes Gebot, auf dem jede soziale Interaktion mit anderen Lebensformen beruht. Die weiteren vier Yamas lauten: *Wahrhaftigkeit, Nicht-Stehlen, sinnliches Maßhalten* sowie *Anspruchslosigkeit.*

2. Niyamas beeinflussen unser Verhalten uns selbst gegenüber. Sie fördern die positive, zielorientierte Entwicklung einer erwachsenen Persönlichkeit und beschreiben eine innere Grundhaltung des Übenden, die nach Befreiung und Verminderung seines Leidens strebt. Die Niyamas umfassen *Reinlichkeit, Zufriedenheit, Selbstdisziplin, Selbst-Studium* sowie *Hingabe (zum Göttlichen).*

3. *Asana* bedeutet Körperhaltung; im populären Hatha-Yoga also physische Körperübungen, die Kraft, Flexibilität und Entspannung bewirken. Es wird unterschieden zwischen meditativen Körperhaltungen und Haltungen, welche die allgemeine Gesundheit fördern.

4. *Pranayama* beinhaltet Atem- und Energieübungen. Die „Wissenschaft vom Atem" führt zu erhöhter Energie und Konzentration,

verbunden mit gleichzeitiger Reinigung und Entgiftung des Körpers über die Atemwege.

5. *Pratyahara* reguliert eingehende Informationen, die als vielfältige Sinneswahrnehmungen in unseren Geist hineinströmen. Die Menge und die Qualität der empfangenen Eindrücke können die Ausgeglichenheit, Klarheit und Konzentration des Geistes beeinträchtigen. Mithilfe von Pratyahara können daher beispielsweise nicht förderliche Sinneseindrücke früher erkannt werden, wodurch einer Reizüberflutung Einhalt geboten werden kann.

6. *Dharana* – Konzentration. Diese Stufe ist nicht nur hilfreich auf spiritueller Ebene, sondern auf allen Ebenen des privaten und beruflichen Lebens. Sie hilft Aktivitäten schneller und fehlerfreier abzuwickeln und in den sogenannten „Flow" zu kommen, indem wir mit einer Handlung vollständig verschmelzen. Stunden vergehen hierbei wie Minuten. In der Konzentration wird der zerstreute Geist gebündelt und durch bewusste Achtsamkeit zur Einpunktigkeit geführt.

7. *Dhyana* – Meditation. Sie ist das Ergebnis fortwährender, ununterbrochener Konzentration. *Dharana* macht den Geist einpunktig, klar und ruhig. *Dhyana* lässt eine Expansion des Geistes entstehen, über alle bewussten und unbewussten Ebenen hin zu Samadhi, dem überbewussten Zustand. Meditation erweckt inneres, intuitives Wissen und ist ein kraftvolles Instrument, den Alltag ruhiger und gelassener anzugehen.

8. *Samadhi* – kosmisches Bewusstsein und All-Eins-Sein. In diesem Zustand wird die Einheit mit dem höheren Selbst gefunden. Alle Begrenzungen werden überwunden – es gibt keine Fragen und keine Antworten mehr, da alle Polaritäten aufgehoben sind. Die Erfahrung dieses unbegrenzten Bewusstseins jenseits des Wachens, Träumens und Tiefschlafes ist das praktische und eigentliche Ziel des Yoga. Es ist das Ende aller Furcht, aller Wünsche, aller Fragen und allen Mangels.

Yamas und Niyamas bilden die ersten beiden Stufen auf der Treppe des königlichen Yoga-Weges. Für einen Yoga-Meister wie Iyengar wird durch sie das Fundament gegossen, auf dem das Haus des Yoga steht. Wie solche universellen Prinzipien ins Leben integriert werden und wie wir mit uns selber, mit anderen Wesen, der Umwelt und dem Planeten umgehen, hat entscheidende Bedeutung für die eigene, spirituelle Persönlichkeitsentwicklung. Auf dem Weg der Selbst-Transformation liegen viele mentale und körperliche Hindernisse, Ablenkungen und Zerstreuungen. Die Yamas und Niyamas halten die Konzentration aufs Wesentliche ausgerichtet und führen zu mehr individueller Zufriedenheit und Wohl-Sein (Well-Being).

In der Begeisterung für neue Asanas oder Atemübungen schenken Yoga-Übende manchmal diesen ersten beiden Schritten des Yoga-Weges weniger Beachtung. Aber Körper- und Energieübungen entfalten nur oberflächliche Wirkung, selbst wenn sie auf körperlicher und energetischer Ebene Gesundheit und Stressabbau fördern können.

Frieden sollte beispielsweise zuerst im Inneren aufblühen. Denn ist es sinnvoll, scheinbar perfekte und anspruchsvolle Körperhaltungen einzunehmen, wenn sie nicht mit Gewaltlosigkeit (Ahimsa, dem ersten Yama) praktiziert werden? Verletzungen könnten die Folge sein. Was nützt ein friedvoller und ausgeglichener Geist in dreißig Minuten Meditation, wenn wir den Rest des Tages auf den Mitmenschen herumtrampeln?

Unabhängig von den gewählten Methoden der Selbsttransformation sollte der Alltag so organisiert sein, dass persönliches Verhalten keine Störung oder existenzielle Bedrohung für irgendeinen Teil der Schöpfung hervorruft. Dazu dienen die zehn Lebensempfehlungen als essenzieller Teil eines „Yogic Lifestyle". Sie entstressen das Leben, indem sie es vereinfachen. Durch sie entwickeln wir gesunde, heilsame und verantwortungsvolle Beziehungen sowie Respekt für uns und andere. Dadurch wird Liebe, Verständnis und Mitgefühl zu allem auf der Erde existierenden Leben geweckt. Ebenso finden wir die Kraft und Entschlossenheit, mit deutlichen Worten Missstände und notwendige Veränderungen anzusprechen.

Es ist kein leichtes Unterfangen, die gewonnenen Erfahrungen mit den Yamas und Niyamas in den Alltag zu integrieren. Trotzdem sollte das bisherige Leben nicht aufgegeben werden und weltliche Verpflichtungen, Bindungen und Freundschaften sollten nicht vernachlässigt werden. Ein Rückzug in Höhlen oder ins Schweigen ist nicht notwendig – im Gegenteil: Die unmittelbare Umgebung liefert ein mannigfaltiges Geflecht von Übungsmöglichkeiten. Anfangs fallen wir vielleicht in alte Gewohnheiten und Verhaltensmuster zurück. Wir ängstigen uns vielleicht, dass Mitmenschen unsere Bemühungen kritisieren und belächeln und nicht ernst nehmen könnten. Diese mangelnde Zustimmung sollte uns jedoch nicht entmutigen. Bevor beispielsweise Gewaltlosigkeit auf allen Ebenen perfekt praktiziert wird, werden wir bereits viele kleinere friedvolle Veränderungen an uns und unseren Mitmenschen wahrnehmen.

Die zehn Lebensempfehlungen im Überblick

Durch die Yamas werden gesunde und harmonische Beziehungen zu anderen entwickelt; Niyamas werden praktiziert, um diese Art von Beziehungen auch zu uns selbst aufzubauen. Beide Übungsformen beinhalten, Verantwortung für das Leben zu übernehmen und dieses aktiv, bewusst und freudvoll zu gestalten.

Die zehn Lebensempfehlungen werden auch als Mahavratas, als große Gelübde bezeichnet. Yogis betrachten diese ethischen Prinzipien als tiefes Bekenntnis, die eigene Persönlichkeit freiwillig zum Positiven zu verändern. Sie werden als universell gültig betrachtet, und können ihren Wert nicht durch Veränderungen von Zeit, Ort, Geschlecht, Situation oder Lebensumständen verlieren. Andere spirituelle Traditionen besitzen ebenfalls ethische Verhaltensempfehlungen – zur Anregung im Folgenden zwei Aufstellungen aus der christlichen und buddhistischen Lehre.

Die erste Stufe des Raja-Yoga (s. Abb. 2, S. 18 und Abb. 3, S. 24) definiert einen sozialen Verhaltenskodex. Das Wort Yama bedeutet „das, was hilft, innerhalb unserer Grenzen zu bleiben und nicht die Grenzen anderer zu überschreiten". Verkürzt ausgedrückt: „Leben und leben lassen." Handlungen, die anderen oder einem selbst Scha-

Christentum[4]

1. Ich bin der Herr, dein Gott. Du sollst keine anderen Götter haben neben mir.
2. Du sollst den Namen des Herrn, deines Gottes, nicht missbrauchen.
3. Du sollst den Feiertag heiligen.
4. Du sollst deinen Vater und deine Mutter ehren.
5. Du sollst nicht töten.
6. Du sollst nicht ehebrechen.
7. Du sollst nicht stehlen.
8. Du sollst nicht falsch Zeugnis reden wider deinen Nächsten.
9. Du sollst nicht begehren deines Nächsten Haus.
10. Du sollst nicht begehren deines Nächsten Weib, Knecht, Magd, Vieh noch alles, was dein Nächster hat.

Buddhismus[5]

1. Enthaltung vom Töten
2. Enthaltung vom Stehlen
3. Enthaltung von allen sexuellen Aktivitäten
4. Enthaltung vom Lügen
5. Enthaltung von Rauschmitteln
6. Enthaltung von Nahrungszufuhr nach 12 Uhr
7. Enthaltung von sinnlichen Vergnügungen und kostbaren Gewändern und Schmuck
8. Enthaltung von hohen und luxuriösen Betten

den zufügen, sollten nicht begangen werden. Yama stammt von der Wortwurzel *yam,* was *kontrollieren* meint: die bewusste Kontrolle und Pflege unserer Beziehungen zu allen Geschöpfen ohne Ausnahme und ohne Ausschluss.

Abbildung 3: Yamas – Ausgewählte Facetten des ethischen Umgangs mit anderen

Ahimsa

1. Nicht verletzen, nicht schaden, nicht töten
· Gewaltlosigkeit; Verschwinden von Feindschaft
· Entwickeln von Mitgefühl, Toleranz, Offenheit
· Erkennen wechselseitiger Beziehungen aller Lebewesen
  auf der Welt
· Befreiung von Isolation und Trennung;
  Dialog- und Kooperationsbereitschaft
· Entwicklung von Mut, Eindeutigkeit, Selbstvertrauen

Satya

2. Nicht lügen
· Wahrhaftigkeit
· Mutiges Ansprechen von Missständen
· Vermeiden von Übertreibungen, Heucheleien, Falschheit
· Andere Menschen und Situationen nicht als Bedrohung
  empfinden

Asteya

3. Nicht stehlen
· Beenden von gierigem oder eifersüchtigem Verhalten
· Respektieren von Eigentum und Beziehungen anderer
  Menschen
· Sich nicht korrumpieren und bestechen lassen

Brahmacharya

4. Nicht Energie verschwenden
· Regulieren und Halten der eigenen Lebensenergie;
  z. B. durch sinnliche/sexuelle Mäßigung
· Wandeln im Göttlichen (Brahman): geistige Konzentration
  und Transformation zum Göttlichen

Aparigraha

5. Nicht Besitz anhäufen
· Nicht nach materiellem Besitz streben
· Bescheidenheit, Genügsamkeit
· Angemessene Verwendung von Ressourcen
· Ende der Anhaftung an äußere Objekte
· Beenden von Abhängigkeiten: mehr Zeit und Raum zur
  Erforschung des Sinns des Lebens

Abbildung 4: Niyamas – Ausgewählte Facetten des Umgangs mit sich selbst

Saucha

1. Sich reinigen
· Körperliche Hygiene und geistige Reinheit
· Gesunde Ernährung und Atmung
· Reinigungsübungen (Shatkarmas)
· Relativieren der Bedeutung des Körpers
· Üben von Unterscheidungsvermögen und Achtsamkeit

Santosha

2. Zufrieden sein
· Innere Ruhe des Geistes
· Zufriedenheit und Gelassenheit unter allen Umständen
· Entwickeln von Dankbarkeit und innerer Freude
· Akzeptanz von Wandel

Tapas

3. Sich selbst disziplinieren
· Askese
· Entzünden des „inneren Feuers", Motivation
· Zielorientierung, Willenskraft, Selbstvertrauen,
  Beharrlichkeit
· Freiwillige Entbehrung, Freude an Selbstdisziplin
· Loslösung von der inneren Bindung an Objekte

Svadhyaya

4. Sich und das Selbst studieren
· Studium der Schriften
· Selbstreflektion
· Verständnis der eigenen Natur
· Mantra-Meditation
· Lernen mit kompetenten Lehrern
· Erkennen des Ziels des Yoga

**Ishvara
Pranidhana**

5. Sich Höherem hingeben
· Überwinden der Ichbezogenheit
· Öffnung und Hingabe an Gott
· Meditation in Aktion (Karma Yoga)
· Erleben einer Gotteserfahrung
· Teil eines allumfassenden Ganzen werden

25

Yamas definieren zunächst Beziehungen zwischen Lebewesen. Das eigene Leben wird durch Einsicht und Selbstverpflichtung so gestaltet, dass Stress sich verringert. Schädigendes Verhalten reduzieren wir so zum Wohle anderer, ohne uns selbst dabei zu verleugnen. Da ist zuallererst Gewaltlosigkeit – wenn man freundlich und liebevoll zu Menschen ist, hat man tendenziell weniger Stress. Wahrhaftigkeit – sind wir ehrlich zu Menschen, kommt es tendenziell zu weniger Stress. Gleiches gilt für das Nicht-Stehlen, das sinnliche Maßhalten, und die Anspruchslosigkeit. Beim Anwenden und Üben werden wir immer weniger zur Quelle von Anspannung und Bedrohung für andere – auch wenn es manchmal gar nicht vorstellbar erscheint, dass wir in anderen Menschen Stress hervorrufen könnten! Friedfertigkeit entwickelt sich zunehmend im Umgang mit uns selbst und mit den Mitmenschen. Wie dies genau geschieht, wird in den folgenden Kapiteln detaillierter erläutert werden.

Mit den Niyamas nehmen wir die zweite Stufe des Raja-Yoga (s. Abb. 2, S. 18 und Abb. 4, S. 25). In älteren Yoga-Büchern werden diese als Selbstzucht und Beherrschung umschrieben, als fünf Grundtugenden und Selbstverpflichtungen. Mit ihnen werden eigene Gewohnheits- und Verhaltensmuster durchdrungen und verändert. Der Politikwissenschaftler Ulrich Fritsch, Yogalehrer, BDY-Referent und -Moderator führt zu den Niyamas weiter aus:

> *Die Niyamas beschreiben einen Reifungsprozess, der über die Entfaltung der Persönlichkeit zur Transzendenz führt.*
>
> *Im Gegensatz zu den Yamas kann die Reihenfolge bei den Niyamas nicht verändert werden. Denn bei den Niyamas steht der Entwicklungsprozess, den wir mit unserem Üben durchlaufen, im Vordergrund. Sie stehen in einer hierarchischen Abhängigkeit zueinander. Ihre Reihenfolge ist nicht austauschbar, denn sie bauen aufeinander auf.*[6]

Die Abgrenzung zwischen Yamas und Niyamas ist nicht so scharf und eindeutig, wie man zuerst vermuten könnte. Ahimsa wird bei den Yamas als Grundstein für gewaltloses Zusammenleben mit der Schöpfung benannt. Gleichzeitig ist nicht-verletzendes Handeln essenziell für sämtliche Niyamas, um keine Rigidität und Verletzungen für sich selber heraufzubeschwören. Dass die Yamas für äußere Beziehungen und die Niyamas in Beziehungen zu uns selbst geübt werden, gilt vorerst als Faustregel und erste Annäherung an das Thema. Es gibt Wechselwirkungen, die in den Einzelbeschreibungen der verschiedenen Lebensempfehlungen noch sichtbar werden.

Yamas –
Im Einklang
mit der Welt
leben

Ahimsa – Gewaltlosigkeit

In der Präsenz eines Yogi, der fest gegründet steht in der Gewaltlosigkeit, erlischt alle Feindseligkeit.

YOGA-SUTRAS, KAP. 2, V. 35[7]

Als erste ethische Maxime nennt der Raja-Yoga Ahimsa – gelebte Gewaltlosigkeit und bedingungslose Liebe. Warum wird dieses Prinzip den anderen Tugenden wie Wahrheit, Nichtstehlen usw. vorangestellt?

Das Wort Ahimsa setzt sich aus dem Buchstaben *a (nicht)* und dem Wort *himsa (töten, Gewalttätigkeit, Schmerzen verursachen)* zusammen. Ahimsa bedeutet, von vorsätzlicher Gewalt in jeder Form Abstand zu nehmen. Weder in Gedanken, in der Sprache noch in Handlungen soll eine Beteiligung an den Verletzungen, Verwundungen oder Schmerzen anderer stattfinden. Und zusätzlich wäre es genauso falsch, den gewalttätigen Handlungen anderer schweigend zuzustimmen.

Gewaltlosigkeit ist das Herzstück der Yamas und Niyamas – die erste Stufe des Raja-Yoga sowie das wichtigste Grundprinzip der Tradition der Weisen der Himalayas. Dieser Orden wurde offiziell um 1200 unserer Zeitrechnung von dem Weisen Shankaracharya gegründet, jedoch reicht seine Gründung nach anderen Quellen bis zu 5000 Jahre und mehr in die Vergangenheit zurück. Manche Yogis halten Gewaltlosigkeit für die wesentlichste Richtschnur zur vollständigen Entfaltung unserer menschlichen Potenziale. Wird dieses Leitprinzip vollständig verinnerlicht und gelebt, sind die weiteren Yamas leicht zu befolgen.

Stellen wir zu Beginn eine einfache Frage, um Ahimsa als ethisches Prinzip zu verdeutlichen: „Wer oder was ist verantwortlich, damit zu Hause das Licht angeht?" Bin ich es selbst, da mein Finger den Lichtschalter drückt? Dieser Gedanke ist aber nicht vollständig, denn jemand …

- hat den notwendigen Lichtschalter konzipiert und hergestellt,
- hat die Rohstoffe dafür abgebaut,
- hat sie an die Lichtschalterfabrik geliefert,
- hat sie vielleicht über das Meer verschifft,
- hat vielleicht ebenfalls in einem fernen Land die Fahrzeuge, die für den Transport benötigt wurden, geplant und montiert,
- hat die Menschen für diese Arbeit ausgebildet,
- hat den Schalter in ein Regal im Baumarkt einsortiert,

- hat ihn für die Installation gekauft,
- hat an der Kasse das Geld entgegengenommen …

Diese Aufzählung ist bei weitem nicht vollständig. So stecken zum Beispiel die Erfahrungen seit dem ersten Benzinmotor (und seit dem ersten Straßenbau der Menschheit!) in diesem kleinen Schalter. Er ist nur ein kleiner Pfennigartikel in einem großen Haus – dennoch brennt ohne ihn kein elektrisches Licht.

Egal, ob ich in meiner Wohnung Lebensmittel, Kleidung, Pflanzen oder Möbel betrachte: Alles wurde von tausenden Menschen erstellt und berührt. Viele Erdenbürger trugen einen kleinen, oftmals nicht wahrnehmbaren Teil dazu bei. Die Quintessenz daraus lautet, dass sämtliche Gedanken, Worte und Handlungen selbst aus weiter Entfernung Dinge und Menschen beeinflussen. Wir sind miteinander in einer komplexen, menschlichen Gemeinschaft verbunden. Jede gewaltsame wie auch gewaltlose Tat zeigt irgendwo und irgendwann Folgen für einen uns vielleicht unbekannten Mitmenschen. Im Zeitalter der Globalisierung wird dies immer deutlicher sichtbar. Deswegen erlangt gewaltfreies und nachhaltiges Handeln zunehmend eine gewichtigere Bedeutung.

Ein drastisches Beispiel sind meines Erachtens die steigenden hohen Lebensmittelpreise in den Entwicklungsländern, die bereits zu gewaltsamen Unruhen führten. Neben einer ungerechten Weltwirtschaftsordnung scheint u.a. der erhöhte Bedarf der Industrieländer an Bio-Sprit mitverantwortlich zu sein. Dieser wird in Entwicklungsländern unter teilweise menschenunwürdigen Arbeitsverhältnissen produziert. Dadurch wird die eigene landwirtschaftliche Produktion zugunsten des Exports reduziert, was zur Lebensmittelknappheit führt. Zunehmend wird auch mit der Ware „Lebensmittel" an den Finanzmärkten spekuliert, einzig im Hinblick auf Gewinn- und Profitmaximierung – und ohne an die verheerenden Folgen wie Kostenexplosion, Armut und Hunger für weite Bevölkerungsgruppen zu denken.

Wenn von deutschem Boden nie wieder Krieg ausgehen soll, müssen wir zum Beispiel auch die heimische Rüstungsindustrie kritisch hinterfragen. Trotz aller Abrüstungsinitiativen boomt der Waffenhandel durch die Aufrüstung unserer Welt und weltweit ist die Bundesrepublik Deutschland nach Russland und den USA der drittgrößte Waffenexporteur der Welt[8]. Fördern wir Deutschen dadurch nicht Krieg, Gewalt und die Unterdrückung von Freiheitsbewegungen, indem wir diesen Industriezweig stillschweigend dulden? Vielleicht aus der versteckten Sorge um den Verlust von Arbeitsplätzen? Vielleicht weil Waffenhandel finanziell sehr lukrativ ist?

Der immer sichtbarere Klimawandel bietet ein weiteres globales Handlungsfeld für Ahimsa. Als ein Aspekt, der für die klimatischen Veränderung mit verantwortlich ist, wird aktuell die Massentierhaltung diskutiert, die aufgrund des zunehmenden Fleischverzehrs ein profitables Geschäft geworden ist. Aber die Konsequenzen scheinen dramatisch: Rodung der Regenwälder, Auslöschung vieler Pflanzen- und Tierarten, Änderung des Wasserhaushalts und des Kohlendioxidgehaltes der Luft sowie erhöhte Treibhausgas-Emissionen.[9] Gleichzeitig werden zum Beispiel subventionierte Fleischüberschüsse aus der EU zu Dumpingpreisen in afrikanische Entwicklungsländer verkauft, wo sie die dortige Landwirtschaft massiv schädigen und ruinieren. Das simple Fazit: Weniger Fleischverzehr würde Menschen, Tiere und die Umwelt dieses Planeten enorm bei seiner Gesundung unterstützen.

Die Erde ist „kleiner geworden", Menschen rücken näher zusammen. Daraus ergibt sich für den Einzelnen eine besondere Verantwortung für die gesamte Menschheit – wir können uns dem nicht mehr entziehen.

Zusammenleben bedeutet Beziehungen zu Menschen aufbauen und pflegen. Dies Miteinander und Aufeinander-Zugehen erfolgt zunächst in der Familie, später kommen Partner, Freunde und Kollegen in Schule und Berufswelt hinzu. Dieses sind wichtige Übungsfelder in einer miteinander verflochtenen und verzahnten planetarischen Gemeinschaft. Unsere größte Stärke liegt nicht darin, inwieweit wir uns voneinander unterscheiden, sondern in dem, was uns gemeinsam ist.

Ich bin Leben, das leben will, inmitten von Leben, das leben will.

ALBERT SCHWEITZER[10]

Ahimsa ist eine Grundlage im Aufbau reifer, achtungsvoller Beziehungen in unserer Gesellschaft, aber auch im Umgang mit der eigenen Persönlichkeit. „Sei gut zu dir und anderen" ist eine saloppe Umschreibung dieses Prinzips, das – richtig verinnerlicht – eine besondere Tiefe in das eigene Leben, in Beziehungen, sowie in das Arbeitsleben bringt.

Gewaltlosigkeit bedeutet nicht nur, gegenüber anderen gewaltfrei zu handeln, sondern sie sollte zuerst auf uns selbst angewandt werden. Wie kann ich anderen gewaltlos entgegentreten, wenn ich mich selbst innerlich trete und verletze? Sich selbst zu verurteilen und sich ständig einzureden, wie hilflos, hoffnungslos, schlecht, ineffektiv und zu nichts nütze man sei, stellt eine grobe Selbstverletzung dar. Auf dem größten spirituellen Fest der Welt, der Maha Kumbha Mela in Indien, traf ich 2001 den Yogi Sri Tapasvi Baba, der auf die Frage nach der Ursache seines Glücks sinngemäß erwiderte:

„Ich mag, wer ich bin und ich mag, was ich tue."

Frieden beginnt in uns selbst: als ein fortwährender Prozess von Selbstbeobachtung und -erkenntnis, der sich schrittweise ausdrückt in Vergebung, Mitgefühl und Freundlichkeit sich selbst gegenüber. Helga Walter, Yogalehrerin und Leiterin der Shakti-Yoga-Schule, beschreibt folgende Indizien, die anzeigen, wann Gewaltlosigkeit stärker in den Blickpunkt persönlicher Übungspraxis treten könnte:

- Neige ich dazu, mich im Alltag zu verletzen (sogenannte Haushaltsunfälle)?
- Habe ich mehr von mir verlangt, als eigentlich möglich war (über Grenzen gehen)?
- Respektiere ich meine Einschränkungen wie Kopfschmerz, Grippe etc. und handle entsprechend?

35

- Habe ich mich beim Sport, Yoga übernommen, meinen Atem gezwungen?
- Nähre ich mich mit meinen Nahrungsmitteln oder stille ich meinen Hunger?
- Schade ich mir durch Drogen wie Medikamente, Rauchen, Alkohol?
- Strapaziere ich mich durch zu viel *Tun* und zu wenig *Sein?*
- Habe ich gewaltvolle Gedanken und neige zu Abwertungen meiner Person und Selbstbeschimpfung?[11]

Gewaltlosigkeit bedeutet, eigene Stärken und Schwächen liebevoll anzunehmen und zu akzeptieren. Aus einer Haltung der Selbst-Liebe und Selbst-Umarmung werden die nächsten konkreten Schritte angegangen, beispielweise mit der Arbeit an weiteren Yamas und Niyamas. Andererseits ist es auch nicht richtig, wenn ein Gegenüber mir Schaden zufügt. Manchmal treffen wir die Entscheidung, uns verletzen zu lassen. Ich muss mir aber nicht alles gefallen lassen – Notwehr ist manchmal „vonnöten". Dazu bedarf es innerer Kraft und eines starken Selbstbewusstseins.

Ahimsa ermutigt, behutsam und geduldig zu agieren, damit man sich in der Welt in friedlicher Koexistenz und im Dialog respektvoll begegnen kann. Dies bildet die Grundlage jeden Bemühens um dauerhaften Frieden. In der Übung der Gewaltlosigkeit wird beispielsweise gelernt, andere nicht zu stören, sondern sie zu akzeptieren und zu fördern. Jeder soll sich schrittweise, in einem für ihn passenden Tempo entfalten können.

Gewalt existiert nur partiell auf einer äußerlich sichtbaren, aggressiven, schlagkräftigen oder „blutrünstigen" Ebene. Durch die Androhung juristischer Bestrafung und sozialer Ächtung wird sie in unserer Gesellschaft im Zaum gehalten; sie findet stattdessen aber andere Ventile und verletzende Ausdrucksformen:

- Gewalt wirkt im Individuum selbstzerstörend (zum Beispiel als Minderwertigkeitsgefühl oder Selbsthass).
- In Beziehungen versteckt sie sich zuweilen in zynisch-sarkastischer Sprache. Negativität und Einschüchterung verletzen

mittels subtilem Witz und Ironie („Man wird auf den Arm genommen"). Vielen Menschen fällt es schwer, mit solch hintergründiger Gewalt adäquat umzugehen.

* Im Fernsehen haben gewaltverherrlichende Sendungen einen festen und selbstverständlichen Programmplatz.

* Terror, Unterdrückung, die Ausgrenzung von Randgruppen oder Fundamentalismus sind Zeichen von staatlicher, ideologischer oder religiös geprägter Gewalt.

Behandele andere so, wie du selbst behandelt werden willst – wie es in den Wald hineinschallt, so schallt es heraus. Eigene Gereiztheit, Ärger und Wut werden in einer Begegnung schnell gespiegelt. Wenn ich in diesen Momenten nicht mit achtsamen Menschen spreche, die meine momentane Gemütsverfassung richtig einschätzen und ihr gegebenenfalls entgegenwirken, entstehen schnell Missverständnisse, Diskussionen und Streit.

Eigene Frustration und eigenen Ärger rechtzeitig zu erkennen und in nicht-verletzende Handlungsweisen umzusetzen, führt zu gelebter Gewaltlosigkeit. Wenn das Verbindende mit anderen Menschen geachtet und wahrgenommen wird – nämlich das gemeinsame Streben nach Gesundheit, Zufriedenheit, Erfolg und Erfüllung – kann jeder Begegnung mit Dankbarkeit und Verständnis einfühlsam entgegengesehen werden. Ahimsa bedeutet so auch Entwicklung von Empathie, Mitgefühl und Dialogfähigkeit.

Bei kritischen Äußerungen ist die Verletzungsgefahr besonders hoch. Menschen handeln aus Motiven und Gründen, die für sie selbst schlüssig und erklärbar sind. Sie dafür zu kritisieren bedeutet, ihre Erfahrungen, Beweggründe, Wertesysteme und Glaubenssätze, aus denen heraus sie sich identifizieren, anzuzweifeln. Wir kritisieren ohne zu erkennen, dass alle Menschen eine ebenso essenzielle Rolle im Weltgeschehen spielen wie wir selber. Wie vertragen wir selbst harsche Kritik? Ist sie nicht auch für uns schmerzhaft?

Meine persönliche Erfahrung: Eine vorsätzliche und harsche Verletzung des Gegenübers, versteckt unter dem Deckmantel einer vermeintlichen „objektiven" Wahrheit, ist selten hilfreich. In dem

Film „Gandhi" gibt es eine Szene, in der Gandhi dem Vizekönig von England gegenübersteht. Bereits zuvor wurde durch den Kampf gegen die gewaltsame Unterdrückung Indiens das Vorgehen der britischen Kolonialmacht wiederholt öffentlich an den Pranger gestellt. Gandhi begrüßt den Vizekönig mit den Worten: „Ich bin mir bewusst, dass ich Sie mit meinen Aktionen sehr irritiert haben muss, Eure Exzellenz, aber ich hoffe, dies steht nicht zwischen uns als Menschen." Der Vizekönig nimmt Gandhis Worte mit versteinertem Gesicht auf und lädt ihn dann zu einer Konferenz nach London ein, um die Möglichkeit eines unabhängigen Indiens zu erörtern.[12] Gandhi wusste, dass er in seinem Streben nach Freiheit den Vizekönig verletzt hatte; aber er fühlte sich dem höheren Wert der Freiheit verpflichtet und wählte die friedliche Auseinandersetzung. Bei passivem Verhalten der Inder hätten die Briten ihre Kolonialherrschaft nicht aufgegeben. Gandhi sah im Vizekönig einen Weggefährten auf einem gemeinsamen Weg und betrachtete ihn nicht als Gegner.

1994 traf ich eine Frau, die etwas sehr Verletzendes über mein Aussehen sagte. Als ich sie daraufhin ansprach, kam als lapidare Antwort: „Ich muss halt immer die Wahrheit sagen!" Nach all den Jahren ist dies noch in bleibender Erinnerung. Hier treffen die Prinzipien von Ahimsa, der Gewaltlosigkeit und Satya, dem Yama der Wahrhaftigkeit aufeinander. In der Beziehung zu anderen Menschen ist eine solche Form von „Aufrichtigkeit" keine Entschuldigung dafür, einem Gegenüber alles an den Kopf zu werfen, was einem gerade in den Sinn kommt. Zuallererst kommt Ahimsa; Gewaltlosigkeit wird im Yoga noch über das Prinzip der Wahrhaftigkeit gestellt.

Taktlosigkeit und verletzende Wahrheiten fördern nicht. Sie sind eher eine Bewertung, im schlimmsten Fall bedeuten sie die Abwertung eines Mitmenschen. Sie sagt vieles über den inneren Zustand des Bewertenden aus – und nichts über den Kritisierten. Ein schönes Beispiel ist ein Friseurbesuch. „Du siehst mit deiner neuen Friseur supertoll aus" entzückt den Zuhörer. Dagegen wird die Äußerung „Den Prozess gegen deinen Friseur wirst du gewinnen" definitiv nicht aufbauend wirken. Beide Meinungen sagen aber nichts über den Friseurbesucher, sondern einzig etwas über die urteilende Person aus.

Ahimsa führt gekoppelt mit Aufrichtigkeit zu der Erkenntnis, dass das Aussprechen von Unangenehmem sehr verletzend sein mag. Freundlichkeit, Mitgefühl, Klarheit und Taktgefühl sind unabdingbar, um unbequeme und dennoch notwendige Dinge anzusprechen. Aber um es klar zu sagen: Wahrheit kann durchaus unangenehm sein. Sie wird dadurch zum Motor für Nachdenken und Veränderung. Nur weil wir etwas hören, was uns partout nicht gefällt, bedeutet dies keinesfalls, dass es nicht der Wahrheit entspricht. Aber wie wir Wahrheit bzw. eine andere Meinung mitgeteilt bekommen, macht einen entscheidenden Unterschied.

Niemand hindert uns daran, andere ehrlich zu loben und deren Bemühungen und Fortschritte anzuerkennen. Doppelt so viel zu loben anstatt zu kritisieren würde ein Zusammenleben deutlich positiv verändern. Der Versuch lohnt sich.

Im Dialog ist also wichtig, nichts vorsätzlich Verletzendes zu sagen. Dennoch müssen bei der Umsetzung der Gewaltlosigkeit deutliche Worte gesprochen werden. Klartext zu reden bedeutet auch Wertschätzung und Interesse auszudrücken. Martin Luther King und Gandhi sprachen sich selbstbewusst, offen und kämpferisch gegen Unterdrückung und Missstände aus. Ihre Reden inspirierten Millionen Menschen, die bis in die heutige Zeit nachwirken. Ihre klaren Botschaften wirkten oft auch verletzend und riefen Wut in den angeprangerten Unterdrückern hervor, aber ebenfalls Respekt. Offen und direkt und dabei gleichzeitig einfühlsam und aufbauend zu kommunizieren, ist eine Gratwanderung in der Übung von Ahimsa.

Auch in einer Partnerschaft ist Gewaltlosigkeit nicht immer einfach zu leben. Gemeint ist hier nicht die oft vorhandene physische und psychische Brutalität in Familien, egal ob gegenüber Männern, Frauen und Kindern. Wenn man müde und abgespannt von der Arbeit nach Hause kommt, mag die Hemmschwelle selbst gegenüber geliebten Menschen sehr niedrig sein. Nervöse Gereiztheit, eine dumme Bemerkung, ein unbedachtes Wort zu viel schaffen schnell eine Atmosphäre, in der Gewaltlosigkeit einen schweren Stand hat.

39

Aber auch Gelächter zur falschen Zeit, Schadenfreude, Sarkasmus, Zynismus, Ironie, Spott oder jemanden liebevoll „auf die Schippe" zu nehmen stellen subtile Formen von Gewalt dar, da ein Gegenüber oftmals diese versteckten Signale nicht recht einschätzen kann. Deswegen ist die Familie das erste und wichtigste Feld für das regelmäßige Üben von Gewaltlosigkeit, auch um Kindern diesen ethischen Wert so früh und so oft wie möglich zu verdeutlichen.

Gewaltlosigkeit wird manchmal als Wehrlosigkeit, Passivität, Tatenlosigkeit, Utopie oder schlichtweg als weinerliches Getue von „Weicheiern" belächelt. In Wirklichkeit erfordert sie aber viel Mut und Opferbereitschaft. Im indischen Freiheitskampf wurden Demonstranten im Protest gegen die britische Krone brutal niedergeknüppelt. Dennoch traten sie den britischen Polizeikompanien ruhig, unbewaffnet und friedlich gegenüber. Keine Hand erhob sich gegen die Besatzer, obwohl es zahlreiche und teilweise schwere Verletzungen der Demonstranten gab.

Sich Gewalt in dieser scheinbar „passiven" Haltung gegenüberzustellen erscheint zunächst nicht als kraftvolle und deutliche Alternative. Daher wurden bewaffneter Widerstand und Terroranschläge von den indischen Rebellen zeitweilig als Möglichkeit erwogen, um die Unterdrückung zu bekämpfen. Die friedlichen Kräfte setzten sich letztendlich durch.

Martin Luther King und Nelson Mandela brauchten Jahrzehnte geduldigen Ringens für die Erfüllung ihres Lebenstraumes: der respektvollen Gleichbehandlung aller Menschen ihres Landes. Geduld und Beständigkeit sind Schlüssel zum besseren Verständnis der immensen Kraft von Ahimsa.

Als das World Trade Center und das Pentagon am 11. September 2001 durch einen Terrorschlag zusammenstürzten, sandte ich Kondolenzschreiben an Bekannte in den USA. Eine Rückantwort lautete: *„Wir werden die Terroristen auslöschen, ausbomben, vernichten, wo immer sie sich versteckt halten: Wir werden sie ‚finden'."* Der

Schmerz war groß, ebenso der folgende Verlust an Menschenleben. Der Krieg in Afghanistan und im Irak folgte als Antwort – allein im Irak verloren nach US-Regierungsangaben mehr als 4.500 US-Soldaten ihr Leben. An zivilen Opfern sind schätzungsweise 114.000 Menschen ums Leben gekommen. Täglich kommen durch Terroranschläge neue Opfer hinzu. Gewalt scheint zu noch mehr Gewalt zu führen.[13] Martin Luther King und Mahatma Gandhi führten die unterdrückte Bevölkerung ihrer Nationen zu Freiheit und Unabhängigkeit, ohne dass ein Schuss ihrerseits fiel. Die friedliche Revolution in der Deutschen Demokratischen Republik 1989 ist ein weiteres Beispiel, wie Gewaltlosigkeit und der Wunsch nach Freiheit und Selbstentfaltung zum Sturz einer „Mauer" führte. Millionen von Menschen lassen Gewaltlosigkeit zu einer mächtigen Kraft werden, die Nationen und Geschichte verändert. Jeder Einzelne kann dazu seinen persönlichen Beitrag im „Nicht-Verletzen" leisten, wodurch eine Gesellschaft oder ein System sich letztendlich verändern mag. Gewalt erlischt und Frieden erwacht in uns sowie in unserer Umgebung, wenn Gewaltlosigkeit im Einklang von Gedanken, Worten und Handlungen von jedem Einzelnen authentisch gelebt und Ahimsa auf diesen drei Ebenen verinnerlicht wird.

Wenn Gedanken gewalttätig sind, wird die Sprache davon gefärbt. Wenn Kommunikation solche Impulse verrät, wirkt sich dies wieder auf unser Tun aus. Gewalt im Inneren geht also der Gewalt im Außen voraus. Sich selbst und andere mehr zu akzeptieren und gleichzeitig weniger zu verdammen oder zu verurteilen, führt zu einer inneren Haltung, in der stetig mehr Liebe und Verständnis für alles wachsen können.

Die Gegenspieler der Gewaltlosigkeit: Gier, Täuschung und Zorn

Gewalt ist verführerisch. Wenn wir auf unser Leben zurückschauen, werden wir wahrscheinlich eine große Zahl von Menschen verletzt haben – sei es aus Unwissenheit, Müdigkeit, Unachtsamkeit oder manchmal auch aus reinem Vorsatz. In dieser Erkenntnis können wir versuchen, die Gewaltbereitschaft durch bewusstes Verhalten

Abbildung 5: Ahimsa – Potenziale und Risiken der Gewaltlosigkeit

Potenziale	Risiken
Schaffen einer friedvollen Basis für Kommunikation und einer Kultur von Verständigung und Begegnung	Feigheit, Unterwürfigkeit, Kollaboration, devotes Verhalten
Entwickeln von friedvollen Beziehungen zu sich selbst und anderen, eines planetarischen (Umwelt-)Bewusstseins in Bezug auf sämtliche Lebensformen	Vermeiden von deutlichen Worten, Vermeiden oder Verzögerung von Entscheidungen, zu spätes Handeln
Anderen Menschen ein Vorbild sein, Schwinden von Gewalt im persönlichen Umfeld, Fördern von Vergebung	Harmonie um jeden Preis, Scheuen von Konflikten, Schönreden von Unterschieden, Entwickeln eines falsch verstandenen „yogischen Gleichmuts"
Abbau von Stress und Furcht vor anderen, Verminderung von Rassismus, Förderung von Dialog und Kooperation	Schicksalsergebenheit, sich mit dem Zustand der Welt abfinden
Benennen und aktives Bekämpfen von Ungerechtigkeiten und Missständen	Geringe Abwehr, wenig Selbstschutz, zu spät notwendige Grenzen ziehen
Beharrlichkeit und Ausdauer, Sanftmut mit Kraft und Stärke	Sentimentalität, Labilität, Zaghaftigkeit
Entwickeln der Fähigkeit, mehr geschehen und sich entfalten zu lassen	

einzudämmen. Im Yoga werden hier insbesondere drei Emotionen als schädlich für uns selbst und für andere eingestuft: Gier (Lobha), Täuschung (Moha) und Zorn (Krodha) bilden oft die treibenden Kräfte hinter Gedanken und Taten.

Indem ein Mensch über interessante Objekte nachdenkt, entsteht ein Verlangen nach ihnen, woraus wiederum Wünsche entstehen. Erlange ich dann nicht das Gewünschte, entstehen Unbehagen, Zorn und Wut, aus denen wiederum Täuschung („Betörung") entsteht. Diese Täuschung besteht in dem Glauben, dass mich der Besitz des gewünschten Objekts dauerhaft zufrieden und glücklich machen würde. In der Folge drohen Verwirrung, der Verlust des Gedächtnisses sowie das Schwinden von Erinnerung, Achtsamkeit und Unterscheidungsfähigkeit. Diese Beobachtungen des menschlichen Verhaltens werden in den Quellschriften des Yoga (wie beispielsweise der *Bhagavad Gita)* ausführlich beschrieben.

Bei dem Menschen, der über die Objekte nachdenkt, entsteht ein Hang zu ihnen; aus dem Hang geht die Begierde hervor, aus der Begierde entsteht der Zorn.

Aus dem Zorn entspringt die Betörung, aus der Betörung die Verwirrung des Gedächtnisses, aus der Störung des Gedächtnisses der Verlust der Vernunft, und infolge des Verlustes der Vernunft geht man zugrunde.

Wer aber, sich selbst beherrschend, an die Objekte herantritt mit Sinnen, die frei sind von Begierde und Abneigung und in seiner Gewalt stehen, der gelangt zum Frieden.

BHAGAVAD GITA, KAP. 2, V. 62 F.[14]

Die in diesen Versen liegende tiefe Weisheit erschloss sich mir persönlich erst spät, und zwar mithilfe einer konkreten Situation in meinem Leben. Im Himalaya Yoga Zentrum Hamburg wurde ein Akhanda Japa geplant, eine für Meditierende aller Richtungen offene Veranstaltung, in der über längere Zeit ein Mantra lautlos im

Geiste rezitiert wird. Seit 2006 wird in einem jährlichen Treffen das bekannte Gayatri-Mantra von den Teilnehmern wiederholt.

Als Organisator entwickelte ich bestimmte Vorstellungen für „die runde und perfekte" Veranstaltung. Mit dem Team von Yoga-Lehrern gut abgestimmt und vorbereitet schien alles sanft und zielgerichtet abzulaufen. Plötzlich kam Gegenwind auf, Kritik wurde laut, ich fühlte mich angegriffen. Eine langjährige und geschätzte Yoga-Weggefährtin schien plötzlich die Länge und den Ablauf der Veranstaltung nicht gut zu finden. Weitere Fragen und Probleme tauchten auf. In mir entstand das Gefühl, dass ich trotz besten Bemühens niemandem mehr etwas recht machen konnte.

In den darauf folgenden Wochen entwickelten sich immer mehr Wut und Frustration. Schlafstörungen und Selbstgespräche tauchten auf. Meine Gedanken begannen einzig um dieses Thema zu kreisen. Ärger und Zorn kochten in mir hoch und führten dazu, jede gemachte Äußerung gedanklich zu zerlegen und innerliche Rechtfertigungen zu stricken. Eine Wegbegleiterin wurde zur Gegnerin – Jahre des gemeinsamen Yoga-Wegs waren sofort in mir vergessen. Indem ich mich mehr und mehr in fiktive Streitgespräche hineinsteigerte, entschloss ich frustriert und müde, dass dies meine letzte Veranstaltung von Akhanda Japa sein würde („Sollen sie's doch selber machen ...").

Das Thema hielt mich weiter in seinen Fängen. Mehrere Wochen später trafen wir uns zu einer gemeinsamen Aussprache. Hier wurde klar, dass sie mir mit ihren Anregungen einzig hatte helfen wollen. Meine ganzen Gedankenspielereien und meine innerliche Aufregung waren umsonst gewesen. Im Nachhinein bin ich ihr sehr dankbar für diese Erfahrung. Monate später war meine Yoga-Gefährtin eine der tragenden Säulen des Akhanda Japa, die mit ihrer Kraft, Energie und Erfahrung stundenlang meditierte und das Mantra viele hundert Male rezitierte.

Wie ist dieses Geschehen in meinem Inneren abgelaufen?
* Verlangen (nach Lob für „meine" gute Organisation),
* Wünsche („Meine" Veranstaltung wird perfekt),
* Wut („Ich kann machen, was ich will"),

- Täuschung („Es gibt nichts Gemeinsames mehr"),
- Verwirrung des Gedächtnisses und der Erinnerung (Alles Positive der Kameradin war vergessen),
- Verlust der Achtsamkeit (Die Gedanken- und Frustrationsspirale läuft permanent, bewusst und unterbewusst),
- Verlust der Unterscheidungsfähigkeit, Zugrundegehen (Müdigkeit, Aufgeben, Resignieren).

Während dieser Zeit fühlte ich mich ständig verwundet: Ich ahnte nicht, dass sich durch das wiederholte negative Denken innerliche Verletzungen weiter verstärkten. Ich hatte die Prinzipien von Ahimsa vergessen und so setzte mein Verlangen eine Kette von Gewalt (Himsa) in Gang. Sukadev Volker Bretz beschreibt diese Abfolge in seinem Kommentar der Yoga-Sutras sehr klar:

Zuerst kommt der Wunsch. Der Wunsch führt zu Ärger. Aus Ärger kommen Täuschung, Verblendung und Vergessen; und dann tut der Mensch Dinge, die er normalerweise niemals tun würde.[15]

Gedanken und Emotionen sind der Motor unseres Tuns. Die Geistesschulung des Yoga regt Handlungen an, die für uns nicht-verletzend und unterstützend sind. Diese Disziplinierung des Geistes wird Sadhana, spirituelle Praxis genannt. Wesentliche Bausteine dieser Schulung sind Abhyasa (die Übung) und Vairagya (die Nichtanhaftung). Dies wird beim fünften Niyama Ishvara Pranidhana mit der „Meditation in Aktion" vertieft erläutert werden.

Gewaltlosigkeit – Ein spirituelles Dilemma?

Wenn alle und alles verschiedene Manifestationen einer einzigen Gottesinstanz sind, dann ist prinzipiell jeder Akt von Unterdrückung und Zerstörung ein Ausdruck gegen die Schöpfungsmacht.

Dem steht entgegen, dass Vernichtung und Gewalt integraler Teil der Welt und wesentlicher Bestandteil menschlichen Verhaltens sind.

45

Beim Spaziergang durch den Stadtpark werden vermutlich Hunderte von kleinsten Lebewesen schlicht durch meine bloße Anwesenheit und durch den Druck meines Körpergewichts getötet. Beim Zähneputzen und durch Mundspülungen vernichte ich Bakterien, die Zähne und Zahnfleisch angreifen. Und um zu leben, müssen wir essen – wodurch pflanzliches und tierisches Leben ausgelöscht wird. Durch übermäßiges Konsumverhalten verschmutze ich mit meinen gefällten Entscheidungen die Umwelt, zerstöre Regenwälder, unterstütze Monokulturen und fördere den Einsatz giftiger Pestizide.

Verstößt nicht ein Polizist gegen Ahimsa, wenn er eine Demonstration auf Befehl notfalls gewaltsam auflöst, selbst wenn es zum Schutze der eigenen Bevölkerung dient? Dient ein Wehrdienstverweigerer mehr dem Prinzip der Gewaltlosigkeit als ein Soldat, der auf dem Schlachtfeld seine Pflicht für Freiheit und Gerechtigkeit erfüllt? Wenn zwei Soldaten sich zum Kampf bereit auf dem Schlachtfeld begegnen, ist die Pflicht des einen höher zu bewerten als die Pflicht des anderen?

Eine Mutter, die ihrem Kind eine Ohrfeige gibt, weil es seinem Ball über die Straße nachrennt – ist diese Frau gewalttätig, wenn sie das Beste für ihr Kind zu tun glaubt? Ein Yoga-Meister, der seinen Schüler vor „versammelter Mannschaft" lautstark korrigiert – lebt dieser Yogi wirklich Ahimsa vor?

Ahimsa ist eine Lebensempfehlung mit unterschiedlichsten Facetten: beeinflusst von unserer Lebenssituation, Gesellschaftskultur, Alter und je nach Bewusstseinsgrad und Absicht, wie im Leben aktuell gehandelt wird.

Gewaltlosigkeit schließt Zwang und Druck nicht aus, wenn gesellschaftliche Ordnung und friedvolles Zusammenleben in besonderer Weise gefährdet sind. Alle Menschen haben das Recht, das eigene Leben in der von ihnen gewünschten Art und Weise zu leben. Jeder soll nach seiner Fasson selig werden. Wenn Terroristen drohen oder Verbrecher und Chaoten das Leben von Bürgern einschränken, ist es die Pflicht von Polizisten, dem entgegenzutreten und die gewählte Ordnung zu sichern. Dagegen kann ein Ordnungshüter in einer Diktatur – hier als Werkzeug von Unterdrückung – Ahimsa massiv verletzen. In beiden aufgeführten Situationen werden Schlagstöcke, Handschellen, Wasserwerfer oder Hunde eingesetzt, was von außen betrachtet keinen Unterschied ausmacht. Die zugrunde liegende Intention des Handelnden ist das entscheidende Kriterium dafür, ob Ahimsa geachtet wird oder nicht.

Neben der Absicht ist die Angemessenheit unserer Reaktionen zu beachten. Ein Terrorist mag nur mit einem finalen Todesschuss aufzuhalten sein, wenn er ein Passagierflugzeug in die Luft sprengen will. Bei einem Kind, das Spielzeug stiehlt, würde man solch ultimative Mittel nicht ernsthaft erwägen. Das mag sich in der Theorie schlüssig und nachvollziehbar anhören, aber wie sieht es im persönlichen konkreten Handeln aus?

In der Silvester-Nacht 2004 geriet ich in Berlin in eine Demonstration von Jugendlichen, die gegen die Haftbedingungen und Verhaftungen von Altersgenossen protestierten. Die Demonstration fand vor dem Jugendgefängnis Berlin-Moabit statt, wo zu meinem Pech mein Wagen parkte. Die Polizei marschierte auf und die Situation eskalierte. Ich konnte weder vor noch zurück. Plötzlich schleuderte ein Demonstrant eine Schnapsflasche gegen mein Auto. Ohne nur den Bruchteil einer Sekunde abzuwarten, stürzte ich mich laut brüllend auf den Werfer. In letzter Sekunde ging ein anderer Demonstrant dazwischen und drängte mich ab. Der Werfer war mit Sicherheit größer und kräftiger als ich, aber er zog sich vor meiner gewaltbereiten Energie zurück. Die Polizisten griffen nicht ein, schafften aber letztendlich endlich eine Gasse und ließen mich wegfahren.

Erstaunlicherweise hatte ich einige Wochen zuvor im Fernsehen hunderte brennender Fahrzeuge gesehen, angezündet durch perspektivlose und frustrierte Jugendliche in den französischen Banlieues (Vorstädten). Ich war damals erstaunt, aber letztlich saß ich ohne innere Anteilnahme vor dem Fernseher.

Was war der Unterschied zu der Situation in Berlin? Es ging um „meinen" neuen Wagen, und alle sogenannte yogische Ausgeglichenheit war in Sekundenschnelle vergessen. Ich vergaß Ahimsa durch die Bindung an meinen Besitz, an mein Auto, und nahm Kampf und Verletzung für mich und den anderen billigend in Kauf – ohne nachzudenken, ohne innezuhalten, ohne zu reflektieren. Gewaltlosigkeit braucht Achtsamkeit, Nachdenken sowie das Suchen von Alternativen. Es benötigt mehr als rasche, gedankenlose Gewaltbereitschaft. Eine Ausnahme mag aber reine Notwehr sein, wenn es um das nackte Überleben und instinktive Reaktionen geht und keine Zeit mehr für eine achtsame Reflektion vorhanden ist.

Falsch verstandene Gewaltlosigkeit

Gewaltlosigkeit mag ihre Schattenseiten und Risiken dort haben, wo sie falsch ausgelegt wird. Eine beliebte indische Geschichte verdeutlicht, wie Ahimsa missinterpretiert werden kann.

Einst ging ein weiser Lehrer durch ein friedvolles Dorf. Als er sich dort ausruhte, näherten sich die Dorfbewohner und baten ihn um Hilfe.

Eine riesige Schlange erschreckte und biss seit Monaten die Dorfkinder auf dem Weg zur Wasserquelle. Sie waren so verängstigt, dass sie sich weigerten, Wasser zu holen oder entfernt von ihren Häusern zu spielen. Die Dorfbewohner wussten schließlich keinen Rat mehr.

Der Meister versprach zu helfen. Er setzte sich zu der Schlange und begann, ihr das Gesetz von Karma zu erklären.

„Karma ist das Gesetz der perfekten Gerechtigkeit", sagte er. „Was du säst, erntest du. Säst du Schmerz, wird Schmerz deine Ernte sein. Dein Gift ist nun einmal schädlich – wenn du die Kinder beißt, fügst du ihnen schreckliche Qual zu. Du magst denken, dass dies nicht dein Problem ist, aber es wird dein Problem werden. Welchen Schaden du den Kindern auch zufügst – in der Zukunft wird er zu dir zurückkehren."

Die Schlange hörte sehr konzentriert zu und nahm sich diese Wahrheit zu Herzen. Sie gab dem Meister das Versprechen, dass sie von nun an die Kinder nicht mehr beißen würde. Dieser kehrte mit den guten Neuigkeiten zu den Dorfbewohnern zurück und wanderte dann weiter.

Einige Zeit später kehrte er ins Dorf zurück. Als er zur Wasserstelle lief, bemerkte er ein merkwürdiges Objekt auf dem Boden. Näherkommend erkannte er eine Schlange, die mühsam über den staubigen Pfad kroch. Vollständig ausgemergelt und zerschunden, die Haut zerrissen, sah sie so aus, als ob kaum noch Leben in ihr steckte.

Bewegt von ihrem bedauernswerten Zustand kniete sich der Meister neben sie und fragte: „Wer bist Du? Was ist der Grund für dein Elend?"

„Du kannst dich nicht mehr an mich erinnern?", schluchzte die Schlange bitterlich. „Du erklärtest mir das Gesetz des Karma und warum ich die Kinder nicht mehr beißen sollte. Ich gehorchte und nun sieh, was geschehen ist! Die Kinder drangsalierten mich und warfen Steine und Äste nach mir. Sie knoteten mich an einen Stock, schleuderten mich durch die Luft und banden mich um Bäume. Mein Leben ist nicht mehr zu ertragen und bald werde ich daran sterben."

„Oh, du Ärmste", erwiderte der Meister, „du hast mich nicht korrekt verstanden. Ich sagte, dass es das Beste ist, andere nicht zu verletzen, und das ist wahr. Aber ich sagte dir nicht, dass du einwilligen solltest, selbst verletzt zu werden. Ich bat dich, nicht zu beißen, aber ich habe dir nicht verboten zu zischen!"

Das Üben von Gewaltlosigkeit heißt nicht Verzicht auf Selbstverteidigung und Notwehr. Als ich 1992 im Himalaya Institut of Yoga Science and Philosophy in Honesdale, USA eintraf, machte ich eine Besichtigungstour durch die Gebäude. Mein Erstaunen war groß, als ich im Auditorium etwa 50 Menschen aller Altersstufen Karate trainieren sah. Viele der Yoga-Lehrer trugen den Schwarzen Gürtel und brüllten Kampfrufe, während ein anerkannter japanischer Sensei die Kämpfe beobachtete und seine Schülerschar korrigierte. Später erfuhr ich, dass der Leiter des Ashrams es für wichtig hielt, sich selbst verteidigen zu können.

Da fiel mir eine Geschichte ein, die ich als Junge über japanischen Kampfsport gelesen hatte. Ein Karate-Meister wird nachts von Dieben in die Ecke gedrängt. Anstatt sich zu wehren und seine Überlegenheit auszuspielen, täuscht er einen Schlag an, taucht ab und sucht das Weite. Während er die Begebenheit einem Journalisten erzählt, zertrümmert er mehrere Ziegelsteine mit einem einzigen Schlag. *„Wie hätte ich eine solche Waffe guten Gewissens gebrauchen können?",* fragt er. Dies beschreibt meiner Ansicht nach gut den kraftvollen Aspekt von Ahimsa.

❈

1992, Schweigeseminar am Langsee in Güldenholm/Schleswig-Holstein. Während der täglichen Fragestunde an den Seminarleiter erzählt ein Teilnehmer, wie sich heute während der Meditation eine Mücke auf seiner Hand niederließ. Er scheuchte sie nicht weg, er brachte sie nicht um, und das Insekt flog wieder davon. Es gab keine typischen Anzeichen eines Mückenbisses.

2007, Schweigeseminar im buddhistischen WAT PO Kloster, Khonkhaen, Thailand. Die Ventilatoren im Tempel laufen unaufhörlich, damit der kühle Zugwind alle Moskitos aus der Meditationshalle hinaus treibt. Auf die Frage an den Abt Dr. Somchai Kantasilo, ob ich Moskitos – auch zum Schutz vor Krankheiten – während der Meditationszeit totschlagen darf, antwortet er sinngemäß:

Menschen sind intelligent, Kakerlaken und Moskitos nicht. Sie wissen nicht, dass du der Besitzer dieses Hauses bist. Der Mensch wiederum weiß, dass diese Tiere keine Intelligenz haben und muss sich daher erstens vor ihnen schützen, zum Beispiel durch ein Moskitonetz oder einen Ventilator. Zweitens darfst du sie nicht bewusst und mutwillig vernichten. Im Gegenteil, wenn möglich, solltest du ihnen einen Weg aus dem Haus eröffnen, sodass sie in die Freiheit gelangen. Damit beschützt du diejenigen, die eigentlich schwächer sind als du. Wenn das Feuer der Feindseligkeit nicht geschürt wird, erlischt es.

Regelmäßig kommen viele Weberknechte und Kreuzspinnen in meine Wohnung auf dem Land. Die Fenster öffnend helfe ich ihnen behutsam hinaus. Ich zerstöre nicht ihre Netze, sondern bewundere ihre Kunstfertigkeit. Es geht um leben und leben lassen.

Andererseits kam kürzlich ein Kammerjäger, der Wolllauskäfer mit allerlei Chemie und tödlichen Giften bekämpfte. Diese Insekten hatten unsere Kleidung angriffen und mit reichlich Löchern versehen. Sie hätten die Wohnung nicht verlassen, und so entschloss ich mich zu diesem gewalttätigen Schritt.

Gewaltlosigkeit bedeutet nicht Wehrlosigkeit um jeden Preis. Und es geht nicht darum, Lebewesen auf gar keinen Fall umzubringen, sondern abzuwägen und sich bewusst zu machen, dass andere –

aber auch ich – ein Recht auf Unversehrtheit haben. Und dennoch: Selbst in Notwehr ist nur soviel Selbstverteidigung wie nötig angeraten, nicht mehr. Notwehr artet nicht aus in Rache und weitere übertriebene Reaktionen, da dann die Gegenwehr wiederum zu einem Gewaltakt führen würde.

Yogis von hoher Entwicklungsstufe würden allerdings solche Argumentationsketten strikt ablehnen, wenn sie in der Gewaltlosigkeit als höchstes Lebensprinzip fest verankert sind. Noch nicht mal eine einzige gewalttätige Aktion ist dann angemessen, egal wie klein das Lebewesen ist (z.b. eine summende Mücke totzuschlagen, weil sie einen schier zum Wahnsinn treibt).

Solche Yogis erheben dann nicht mal mehr die Hand zur Verteidigung, wenn ihr eigenes Leben ernsthaft bedroht wird. Sukadev Bretz beschreibt beispielsweise in seinem Kommentar der Yoga-Sutras, wie Swami Sivananda von einem Attentäter mit einer Axt angegriffen wird. Dieser verteidigt sich nicht selber; erst sein Assistent rettet ihm das Leben. Und die anschließende Reaktion ist erstaunlich: Swami Sivananda belehrt zunächst seinen Retter, um dessen Zorn zu mäßigen – und der Attentäter wird nach Hause geschickt und später als sein Schüler angenommen.

In manchen Berufen ist Gewalt alltäglich und durch die Ausübung einer Arbeit bedingt. Ein Metzger schlachtet beispielsweise Vieh, ein Fischer fängt Fische. Beide vernichten tierisches Leben. Ahimsa könnte für den Fischer folgendermaßen interpretiert werden: „Ich lebe das Prinzip der Gewaltlosigkeit, aber ich fische. Mit meinem Beruf verdiene ich den Lebensunterhalt. Ich bin nicht gewalttätig, aber diese Art der Gewalt des Fischens ist dadurch akzeptiert, dass ich ein Fischer bin und für mein Leben und das meiner Familie sorgen muss; und (andere) Menschen müssen auch essen."

Rutscht Ahimsa damit in willfährige Beliebigkeit? Ein Angestellter in der Rüstungsindustrie beispielsweise verdient seinen Lebensunterhalt mit der Herstellung von Waffen, welche oft in Entwicklungs- und Schwellenländer exportiert werden. Trotzdem hätte dieser Arbeitnehmer sicherlich Möglichkeiten, in einem anderen Wirtschaftszweig zu arbeiten. Es ist seine Entscheidung, in der Waffenherstellung zu arbeiten, und dadurch trägt er auch Verantwortung dafür. Ein Fischer in einem Entwicklungsland besitzt vermutlich weniger Wahlmöglichkeiten. Anmaßend wäre, für beide den gleichen Maßstab anzusetzen.

Gewaltlosigkeit vs. Anhaftung und Abneigung?

Ahimsa bedeutet, alle Menschen gleichermaßen zu lieben, zu schätzen und zu respektieren und niemanden von dieser Liebe auszuschließen. Es gibt keine Unterteilung in Freund oder Feind: Zwischen diesen Polaritäten herrschen keine Abstufungen. In der Tat eine schwierige Übung: Schließlich steht uns beispielsweise die eigene Familie normalerweise näher als die Arbeitskollegen. Selbst zwischen den eigenen Arbeitskollegen mag Achtung und Wertschätzung je nach persönlicher Wellenlänge unterschiedlich verteilt sein.

In der Nähe von Freunden fühle ich mich wohl. Menschen, die ich nicht mag, begegne ich dagegen mit Distanz. Zu Fußgängern auf einer vollen Shoppingmeile entwickele ich gar kein Empfinden, während Bettler und Obdachlose vielleicht Mitleid, Abscheu oder ein schnelles Wegschauen verursachen.

Ein vorurteilloser, mit Mitgefühl, Verbundenheit und Offenheit gepaarter Blick ist hilfreich, um Menschen mit Gewaltlosigkeit zu begegnen. Swami Anubhavananda sagte während eines Seminars in Österreich sinngemäß zu mir: „Schau, bevor ich nach Österreich kam, war ich dieses Jahr in Australien, Neuseeland, USA, Großbritannien und Deutschland. Niemals bleibe ich länger als sieben Tage an einem Ort. Warum sollte ich in sieben Tagen Freundschaften oder Feindschaften entwickeln?" Auf diese Weise kann das Leben in seiner Ganzheit betrachtet werden – 70 Jahre vergehen sehr schnell. Wenn der Tod gewiss ist, warum sollen wir in Anhaftung Freundschaften pflegen oder Feindschaften aufbauen?

Vertraute Menschen bewahren uns nicht vor dem Tod. Allein auf die Welt gekommen, werden wir sie wieder allein verlassen. Das bedeutet aber keineswegs als „einsamer Wolf" oder „Lonesome Cowboy" bindungsunfähig durchs Leben zu gehen, Gemeinschaft und Nähe zu anderen zu meiden oder menschliche Begleitung gering zu schätzen. In diesem Aspekt von Ahimsa wird keine Kraft zehrende Energie für die Entscheidung vergeudet, wen wir beispielsweise als:

- „gut" oder „böse",
- „sympathisch" oder „unsympathisch",
- „attraktiv" oder „unattraktiv",
- „hilfreich" oder „nicht hilfreich" betrachten.

Die gewohnte Tendenz des Sich-Vergleichens und Unterscheidens erlischt dann. Wertschätzung, Offenheit, Freude, Neugierde und aufrichtiges Interesse am anderen sind Werte, die aus diesem kraftvollen Verhaltenskodex entstehen. Ist Gewaltlosigkeit fest etabliert, erlöschen idealerweise Ängste, Konflikte, Feindschaft und Trennung in uns und anderen gegenüber – eine Voraussetzung für Frieden auf Erden.

Wenn mir aber nun jemand gegenübersteht, den ich partout nicht leiden kann? Die meisten von uns sind bei aller Bemühung keine fortgeschrittenen Yogis. Wir sind Menschen, die bewerten und beurteilen, manchmal bei der ersten Begegnung und auf den ersten Blick.

Vor Jahren verblüffte mich ein Seminarleiter, der vor seinem Publikum von etwa 70 Leuten sinngemäß erklärte: „Wissen Sie, auch hier im Publikum gibt es Menschen, die mir nicht sympathisch sind. Aber wenn ich mit ihnen in der Einzelarbeit zusammentreffe, ihre Lebensgeschichte erfahre, ihre Träume, Drehbücher und Verletzungen, dann bleibt nur Mitgefühl und Liebe für diese Menschen übrig." Vorschnell Menschen in Schubladen zu stecken ist leichtfertig. In uns allen steckt mehr, als im ersten Augenblick wahrgenommen wird.

„Du sollst alle Menschen lieben, aber manche aus größtmöglicher Entfernung", sagte einmal ein Yogalehrer zu mir. Seine Worte begleiteten mich jahrelang. Auf sehr pragmatische Weise halfen sie im Umgang mit Menschen, die mir – aus welchem Grund auch immer – nicht „gut" tun. Niemanden aus dem Herzen auszuschließen und gleichzeitig bei Bedarf ein Schutzschild aufzubauen, ist ein wichtiger Aspekt der Gewaltlosigkeit. In einem freien Land lebend bin ich nicht verpflichtet, mich verletzen zu lassen, von wem auch immer. Abstand kann manchmal die beste Verteidigung sein.

Strategien für die Umsetzung friedlichen Widerstands

Sprechen wir über gewaltfreien Widerstand, wird im gleichen Atemzug oft das Synonym „passiver" Widerstand verwendet. Passiver Widerstand ist aber nicht mit Passivität, Wehrlosigkeit oder Tatenlosigkeit gleichzusetzen. Widerstand ist immer kraftvoll; es bedarf dazu der Mentalität eines friedvollen Kriegers.

Ahimsa bedeutet in seinem Kern, sich von dem Drang zur Gewalt zu befreien. Gleiches wird nicht mit Gleichem vergolten. Blinder Rachsucht und Vergeltung wird daher nicht nachgegeben; dennoch wird im Bewusstsein einer kraftvollen Auseinandersetzung nicht ausgewichen. Solch ein Kampf braucht aggressive Energie. Jesus besaß sie, als er lautstark und deutlich die Geldwechsler aus dem Tempel vertrieb. Gandhi nahm seinen Körper aggressiv als Geisel, um durch Hungerstreik politische Ziele zu erreichen. Der Freiheitsmarsch von Martin Luther King nach Washington, mit dem er das Establishment aus dessen Gleichgültigkeit aufrüttelte, wirkte allein durch die Masse der Demonstranten von ca. 250.000 Menschen aggressiv.

Aggression – als negativ besetztes Wort – wird oft verbunden mit Begriffen wie Gewalt, Grausamkeit, Brutalität, Unterdrückung, Diktatur, Schreckensherrschaft. Die Wortwurzel *aggredi* bedeutet hingegen *herangehen, angreifen*. Entgegen des normalen Sprachgebrauchs kann Aggression als positive, kreative Energie begriffen und interpretiert werden. Sie ist mächtig und notwendig, um die Stimme von Gerechtigkeit und Gewaltlosigkeit laut erschallen zu lassen. Aggression macht präsent, konzentriert und fest. Sie verleiht tiefen Überzeugungen eindeutiges Gewicht und Kraft. Erst wenn

Aggression in Gewalt und Brutalität, Verletzung oder Blutvergießen umschlägt, ist die Linie überschritten, die nicht überschritten werden darf. Friedvolle Krieger wahren und respektieren diese Grenze. Gandhi und Martin Luther King waren solche Kshatryas, wie die Krieger in Indien bezeichnet werden. Beide verstanden es, lautstark Missstände anzuprangern, Menschen zu mobilisieren und trotz Unterdrückung und persönlicher Bedrohung immer wieder die Gegenseite zu Verhandlungen zu bringen.

Hans Jürgen Schultz umschreibt in *Liebhaber des Friedens*[16] die Grundzüge der einzigartigen Strategie Martin Luther Kings in dessen gewaltfreiem Kampf für Gleichberechtigung. Aus diesen Ausführungen lässt sich folgende Übersicht ableiten:

Abbildung 6:
Vier Leitgedanken für die Umsetzung von friedlichem Widerstand

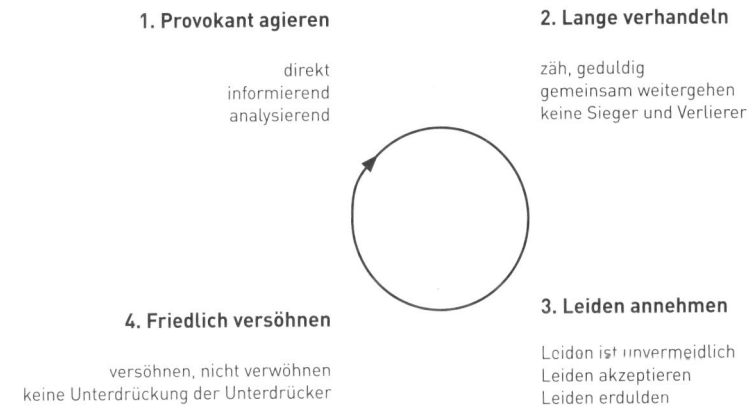

1. Provokant agieren

direkt
informierend
analysierend

2. Lange verhandeln

zäh, geduldig
gemeinsam weitergehen
keine Sieger und Verlierer

4. Friedlich versöhnen

versöhnen, nicht verwöhnen
keine Unterdrückung der Unterdrücker

3. Leiden annehmen

Leiden ist unvermeidlich
Leiden akzeptieren
Leiden erdulden

Schritt 1 – Provokant agieren: Hier handelt es sich nicht um theoretisch-abstrakte Konstrukte, sondern um direkte Aktionen. Missstände werden genau analysiert, deutlich angesprochen und dramatisiert. Die Bevölkerung in dem Operationsgebiet (der Unterdrückung) wird über Ziele und Methoden des gewaltfreien Widerstands informiert. Viele Menschen beobachten zuerst lediglich die

55

Proteste, ohne sie aktiv zu begleiten, doch auch deren Aufmerksamkeit und Sympathien werden gebraucht.

Schritt 2 – Lange verhandeln: Die Aktionen können erst dann beginnen, nachdem so zäh und ausführlich wie möglich verhandelt wurde. Der Konflikt wird nicht auf der Straße, sondern am Konferenztisch ausgetragen. Das Ziel von Verhandlungen ist, eine Win-win-Situation herbeizuführen, in der beide Parteien erhobenen Hauptes herausgehen können. Dabei ist nicht „Sieg" maßgeblich, da dies impliziert, dass die andere Partei eine Niederlage erlitten hat. Der weitere Weg soll gemeinsam beschritten werden. Und bleibt der Erfolg aus, darf dies nicht in Feindseligkeit von unserer Seite her ausarten.

Schritt 3 – Leiden annehmen: Gefahr und Leid muss in Kauf genommen werden, eventuell über lange Zeit, bis der Grund des Konfliktes beseitigt ist. Gefängnis, Folter, auch Bedrohungen gegen engste Freunde und Familie sind möglich, lebensbedrohende Situationen vielleicht unvermeidbar. Schmerzen und Leid sind geduldig zu akzeptieren. Wenn Blut fließen soll, dann nicht das Blut des vermeintlichen Gegners.

Schritt 4 – Friedlich versöhnen: Der Konflikt ist erst beendet, wenn beide gegenüberstehenden Parteien zufrieden sind. Wenn Weiße vorher Schwarze unterdrückt haben, sollen Schwarze jetzt nicht Weiße unterdrücken, es sollte kein umgekehrter Rassismus angestrebt werden. Versöhnung ist nicht Verwöhnung und keine „Fried-Höflichkeit" (also kein allzu friedlich-höflicher Umgang miteinander, im Sinne von Schweigen nur um des lieben Friedens willen). Sie ist harte Anstrengung aller Beteiligten. Um die Bewahrung des Erreichten muss gegebenenfalls neu gerungen werden.

Martin Luther King bezeichnet dies als „asymmetrisches Vorgehen", da dies den gewohnten Reflexen (wie: *Auge um Auge, Zahn um Zahn; Gleiches mit Gleichem vergelten*) radikal entgegensteht. Indem die Gewaltspirale unterbrochen wird, entsteht Raum zum Überlegen. Überlegen führt zu Überlegenheit. Statt einen Rückschlag zu verantworten, antwortet man mit einem Vorschlag.

Diese Zeilen über Ahimsa sind leicht zu schreiben, aber welchen konkreten Situationen setzt man sich dabei in der Realität aus?

> *Sie warfen nach mir mit Steinen, Ziegelbrocken und faulen Eiern. Einer riss mir den Turban weg, während andere begannen, mich zu schlagen und zu treten. Ich war einer Ohnmacht nahe und hielt mich am Zaungitter eines Hauses fest und blieb stehen, um Atem zu schöpfen. Aber es war unmöglich. Sie fielen mit Stöcken und Schlägen über mich her.*
>
> *Da kam zufällig die Frau des Polizei-Inspektors des Weges, die mich kannte. Die tapfere Dame eilte herzu, öffnete ihren Sonnenschirm, obgleich keine Sonne schien, und stellte sich zwischen die Menge und mich. Das bremste die Wut des Mob, denn es wurde schwierig, mir Hiebe zu verabreichen, ohne Mrs. Alexander zu verletzen.*

MAHATMA GANDHI[17]

Dies geschah Gandhi am 13. Januar 1897 in Südafrika. Stellen wir uns einen Augenblick vor, Mrs. Alexander hätte damals nicht die Zivilcourage gehabt, Gandhi zu schützen. Hätte die wütende Menge ihn in diesem Augenblick umgebracht, wäre die Geschichte des 20. Jahrhunderts sicherlich anders verlaufen.

Hätte ich selber die Solidarität und die Festigkeit gehabt, mich einer wütenden Menge entgegenzustellen? Hätte ich Gewaltlosigkeit voller Mut praktiziert? Erst die konkrete Situation gibt darüber Klarheit, vorher ist alles blanke Theorie.

Risiken und Potenziale der Gewaltlosigkeit

Man unterliegt leicht der Versuchung, eine Tugend oder Empfehlung nur in einer bestimmten gewünschten Ausprägung wahrzunehmen und anzuwenden. Der griechische Philosoph Aristoteles (384–322 vor u. Z.) definiert eine Tugend als die rechte Mitte zwischen zwei fehlerhaften Extremen. Friedemann Schulz von Thun und Paul

Helwig entwickelten aus Aristoteles' „Nikomachischen Ethik" das sogenannte *Werte- und Entwicklungsquadrat,* mit dem nun Ahimsa betrachtet wird.

Zunächst einige Grundgedanken des Modells:

- In Tugenden liegen Gegensätze, sowohl positive wie negative.
- Etwas Gutes versteckt sich in jedem Schlechten und umgekehrt.
- Das Negative ist das Zuviel des Positiven.

Abbildung 7:
Das Werte- und Entwicklungsquadrat von Helwig/Schulz von Thun[18]

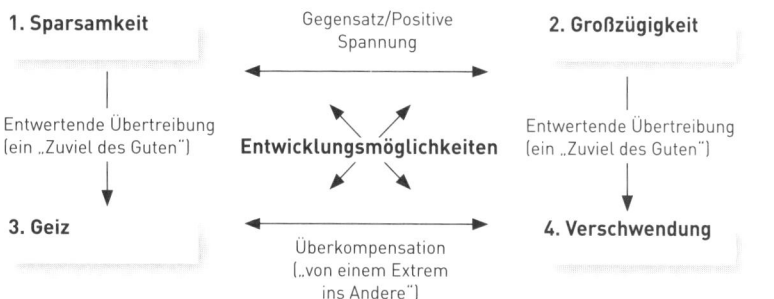

1. Nehmen wir zur Erläuterung die Tugend *Sparsamkeit,* in unserem Denken ein grundsätzlich positiv besetzter Wert. Dieser Begriff wird als Ausgangswert in das Wertequadrat eingesetzt.

2. Jeder Wert, jedes Leitprinzip, jedes Persönlichkeits- und Charaktermerkmal kann anhand der Logik dieses Modells nur dann zu einer sinnvollen Wirkung gelangen und eingeordnet werden, wenn sie sich in einer ausgeglichenen Spannung zu einem positiven Gegenwert befindet (in diesem Fall *Großzügigkeit).*

3. Sparsamkeit ohne ein positives Maß an Großzügigkeit führt zu einer entwertenden Übertreibung in Form von purem *Geiz.*

4. Großzügigkeit ohne Sparsamkeit wird zu *Verschwendung* entwertet.

Wir haben jetzt in der oberen Hälfte dieses Modells zwei „positive"
Werte (1. Sparsamkeit und 2. Großzügigkeit). Zwei Schwestertu-
genden, die gegensätzlich sind, aber in einer dynamischen Spannung
zueinander stehen und sich ergänzen können. Dasselbe gilt für die
untere Hälfte: Dort finden wir zwei „negative" Werte (3. Geiz und
4. Verschwendung), die wiederum gegensätzlich sind und ebenfalls
in einer dynamischen Spannung zueinander stehen.

Oben und Unten sind aber eng miteinander verknüpft. Das
scheinbar Negative trägt ein „Zuviel des Guten" in sich und führt
dadurch zur entwertenden Übertreibung. Zu viel Sparsamkeit führt
zu Geiz, zu viel Großzügigkeit führt zu Verschwendung. Umgekehrt
lässt etwas weniger Verschwendung finanzielle Mittel anwachsen,
weil wir uns zur Sparsamkeit hin entwickeln. Weniger Geiz mag uns
im Auge unserer Mitmenschen menschlicher und großzügiger erscheinen lassen.

Über Kreuz angelegt finden wir also die konträren Gegensätze,
gleichzeitig aber auch die möglichen Potenziale in Form von Ent-
wicklungslinien. Das Modell birgt die Möglichkeit einer dynamischen Balance. Eine Tugend entwickelt und kultiviert sich, indem
wir eine Überdosis des scheinbar Guten und Schlechten vermindern.

Benutzen wir nun das Werte-Entwicklungsquadrat, um eines der
möglichen Spannungsfelder von Gewaltlosigkeit zu entwickeln.

Abbildung 8: Deutung von Ahimsa

Gewaltlosigkeit steht im positiven Gegensatz zu friedlichem Widerstand. Sie erhält durch ihn Kraft, Energie, Ziel und Richtung. Ahimsa gibt im Gegenzug dem friedlichen Widerstand das ethischphilosophische Fundament, um gegen Unterdrückung und Verfolgung anzugehen. Je mehr Erfolge und Sympathie friedlicher Widerstand erhält, umso mehr wird die Überzeugung gestärkt, dass Gewaltlosigkeit „das Mittel der Wahl" ist.

Ein Zuviel an Gewaltlosigkeit führt schrittweise zu Rückzug, Lähmung und Passivität. Falsch verstandener yogischer Gleichmut, die schnelle Akzeptanz des Schlechten, die widerstandslose Hinnahme von Ungerechtigkeit und der Rückzug ins private Leben kennzeichnen diesen Zustand entwertender Übertreibung. Passivität ist nicht automatisch gleichbedeutend mit Friedfertigkeit. Höflich zu sein bedeutet noch lange nicht, „fried-höflich" zu sein.

Friedlicher Widerstand hingegen konfrontiert: Er führt in der Übertreibung zur übergroßen Zunahme von Konfrontation und fördert damit die Bereitschaft zu töten, zu verletzen und zurechtzuweisen. Gewalt ist verführerisch – „die dunkle Seite der Macht", die den Mitmenschen seines Werts berauben und ihn so entwerten will. Der friedliche Widerstand war während Indiens Befreiungsbewegung auch unterbrochen durch sporadische Ausbrüche von Mord und Terror gegen Briten sowie zwischen Hindus und Muslimen.

Friedlicher Widerstand ist ebenso aktiv wie auch provokativ. Passivität ist dem friedlichen Widerstand entgegengesetzt, besitzt aber das Potenzial, sich schrittweise dahin zu entwickeln.

Gewaltlosigkeit kann man nicht lernen, wenn man zu Hause sitzt. Man muss sie erproben … Wer das Zittern bekommt und davonläuft, kaum dass er zwei gegnerische Heere im Kampfgewühl sieht, der ist nicht gewaltlos, sondern feige. Ein gewaltloser Mensch ist bereit, sein Leben zu opfern, um solche Kämpfe im vorweg zu verhindern. Die Tapferkeit des Gewaltlosen lässt die des Gewaltsamen weit hinter sich. Das Abzeichen des Gewaltsamen ist seine Waffe: Speer, Schwert, Gewehr. Gott ist der Schild des Gewaltlosen."

MAHATMA GANDHI[19]

Zusammenfassung

- Gewaltlosigkeit ist das Fundament des Raja- und Ashtanga-Yoga und der Kern eines liebevollen und wertschätzenden Umgangs: einerseits zwischen Menschen untereinander und ebenfalls im Umgang mit sich selbst. Ahimsa muss hier nicht aufhören, sondern sollte auf einen achtsamen Umgang mit der gesamten Schöpfung erweitert werden.

- Selbstvertrauen, Mut, Furchtlosigkeit und Mitgefühl bilden das Rückgrat gelebter Gewaltlosigkeit. Ein Mensch, der Ahimsa praktiziert, ergreift Partei gegen Gewalt und Ungerechtigkeit. Um dies zu leben, bedarf es der Mentalität eines friedlichen Kriegers.

- Im ersten Schritt ist es sinnvoll, in sich einen friedvollen Geist zu schaffen und dadurch Gewaltlosigkeit sich selbst gegenüber zu praktizieren. Der eigene Körper ist ein guter Startpunkt, da dessen Reserven nicht unerschöpflich sind. Zuviel oder zu wenig an Essen, zu viel oder zu wenig an Schlaf, zu große oder zu geringe physische Ertüchtigung stellen verschiedene Formen von Gewalt gegenüber der eigenen Physis dar. Ein erschöpfter Körper bringt durch Stress und Müdigkeit unausgeglichenes Verhalten hervor und kann damit zwischenmenschliche Beziehungen belasten. So ist Ahimsa auch ein Weg der Selbsttransformation, der uns lehrt, seine Kräfte und Ressourcen zu erhalten und zu erneuern. Gutes und nährstoffreiches Essen, ein ausgeglichenes körperliches Training, regelmäßige Entspannungs-, Atem- und Reinigungsübungen helfen, unseren Energiehaushalt kontinuierlich aufzufüllen. Indem wir den eigenen Körper und letztlich damit unserem Geist Gutes tun, wirkt dieses gewaltfreie Verhalten positiv in uns und strahlt auf unsere Umgebung aus.

- Die Übung von Ahimsa lehrt in letzter Konsequenz, dass alle Menschen gleich und in ihrem Streben nach Glück miteinander verbunden sind, auch wenn sie nicht voneinander wissen.

- Authentische Gewaltlosigkeit lebt in einem dynamischen Spannungsfeld unterschiedlicher Werte (siehe Werte- und Entwicklungsquadrat auf Seite 59).

- Der nachhaltige Verzicht auf Gewalt strahlt auch auf die Umgebung aus und entfaltet dort seine heilenden Kräfte.

- Ahimsa bedeutet immerwährendes, lebenslanges Bemühen, die Prinzipien der Gewaltlosigkeit umzusetzen. Die Wahrscheinlichkeit, dass wir dennoch Menschen verletzen, ist hoch. Auch eigenes Leid muss einkalkuliert werden. Trotzdem dürfen wir in unseren Bemühungen nicht nachlassen.

Wie viel Einfluss der Einzelne haben kann, verdeutlicht auch folgende Fabel, die mir ein Freund vor einigen Monaten erzählte:

Ein Spatz flog zu einer Taube und wollte von ihr wissen, wie viel wohl eine Schneeflocke wiege. Darauf antwortete die Taube, ohne lange zu überlegen: „Gar nichts. Nicht mehr als gar nichts." Der Spatz wiegte den Kopf hin und her, machte einmal kurz: „Ah", und erwiderte dann: „Nun, dann lass mich dir eine wunderbare Geschichte erzählen. Als es neulich schneite, flog ich so umher. Es war kein schwerer Schneesturm, eher ein sanftes Rieseln. Um auszuruhen, setzte ich mich nahe dem Stamm auf einen Tannenzweig. Während ich so dasaß, begann ich die Schneeflocken zu zählen, die langsam auf meinen Zweig fielen: Eins, zwei, drei. Vier, fünf, sechs … fünfzig, einundfünfzig, zweiundfünfzig … siebenhunderteins, siebenhundertzwei, siebenhundertdrei … dreitausendzweihundertfünf, dreitausendzweihundertsechs, vierhundertausendvierhundertdrei, vierhundertausendvierhundertvier usw. Als ich bei fünfmillionendreihundertzweiundvierzig angekommen war, hörte ich auf einmal ein leichtes Knacksen. Und als die fünfmillionendreihundertdreiundvierzigste Flocke fiel – nicht mehr als gar nichts, wie du sagtest –, brach der Zweig, auf dem ich saß."

Damit war die Geschichte des Spatzen beendet und er flog davon.

Die Taube, die seit der Arche Noah eine Kapazität in solchen Dingen darstellt, dachte noch eine ganze Zeit über das nach, was sie gerade gehört hatte. Schließlich sagte sie: „Vielleicht ist es nur eine Stimme, die fehlt, damit Frieden in unsere Welt kommt."

Satya – Wahrhaftigkeit

Fest in der Wahrheit verankert werden die eigenen Worte so kraftvoll, dass sie die Grundlage aller Handlungen werden.

YOGA-SUTRAS, KAP. 2, V. 36

Die Suche nach Wahrheit gehört zu den grundlegenden Themen menschlicher Philosophie. Hier finden sich mehrere Ebenen:

1. Die „kosmische" Wahrheit, welche die eigene spirituelle Identität als Teil eines großen Ganzen offenbart, und die die Täuschung durch Maya, die Illusion der Trennung, beseitigt.

2. Die Art von Wahrheit, Ehrlichkeit und Integrität, die als Grundlage respektvoller und ehrlicher Kommunikation in Beziehungen dient.

3. Und sich selbst zu belügen und wider besseres Wissen Dinge tun, die weder einem selbst guttun noch der Erreichung gesteckter Ziele dienlich sind, entsprechen ebenfalls nicht dem Wesen von Satya, dem Yama der Wahrhaftigkeit.

Das Sanskritwort *sat* bedeutet *das, was existiert; das, was ist.* In Satya wird die Welt so wahrgenommen und wiedergegeben, wie sie tatsächlich ist – und nicht so, wie wir sie gerne hätten.

Mit anderen Worten: Die Welt wird nicht verzerrt durch den Filter eigener Ängste und Wünsche betrachtet. Aus der Anhaftung (Raga) erwächst die Furcht vor dem Verlust gewünschter Dinge – und um diesen drohenden Verlust zu vermeiden, entsteht folglich das Bedürfnis, eventuell nicht wahrhaftig zu handeln. Die Abneigung (Dvesha) wiederum fördert die Unwahrheit, weil bestimmten Situationen und Dingen ausgewichen wird. Zur Vermeidung von Unangenehmem bedient man sich Lügen und Teilwahrheiten als scheinbar einfachstes Mittel zum Zweck.

Irgendwann gerät Unwahrheit zur Gewohnheit, und ein Netz voller Lügen, Halbwahrheiten und Verdrehungen wird in das eigene Leben gewebt. Die Aufrechterhaltung eines Lügengebildes ruft Stress hervor. Man ist ständig auf der Hut vor anderen, und muss zudem sein Verhalten vor sich selbst rechtfertigen. Das eigene Selbstbewusstsein sowie der wertschätzende Respekt anderen gegenüber werden dadurch untergraben.

Sorge vor den Konsequenzen bzw. reine Bequemlichkeit schwächen die Kraft der Wahrheit, indem eine Meinung nicht klar und deutlich ausgedrückt wird. Manchmal wird der Blick auf die Wirklichkeit verbogen und Missstände und Ungerechtigkeit verschwiegen, anstatt dass laut und stark *(lautstark)* die Wahrheit gesagt wird – so entsteht ebenfalls Unwahrheit.

Teilwahrheiten und egozentrierte Deutungen spiritueller Texte und Inhalte gehören zu Asatya, dem Gegenteil der Wahrhaftigkeit. Mit der Auslegung spiritueller Texte zum persönlichen Vorteil gehe ich von der Interpretation über zur Manipulation. Auch wenn ich über den eigenen Übungsweg falsche Angaben mache, dient das nicht der Wahrheitsfindung – wenn man beispielsweise auf die Frage, wie lange man am Tag meditiert mehr Zeit angibt, als man tatsächlich meditiert.

Wahrhaftigkeit und Ehrlichkeit sind nicht leicht zu erlernen. Manchmal ist Gesagtes nicht gemeint – und Gemeintes wird nicht gesagt. Die Unterrichtung eines Yoga-Schülers zielt darauf, dass er lernt, das auszusprechen, was er denkt, und das zu tun, was er sagt. In der Konsequenz wird dann die Wahrhaftigkeit die Grundlage aller Handlungen.

Manchmal ist die Zunge schneller als der Verstand – als Resultat entsteht zum Beispiel ein rasch entschlüpftes harsches Wort, eine voreilige Übertreibung, eine glatte Lüge, ein hässliches Gerücht aus meinem Mund. Wenn schneller geredet als gedacht wird und solche Ergebnisse sich zeigen, weist der Geist eine Tendenz der Nicht-Wahrhaftigkeit auf.

In die Stille gehen und mehr zu schweigen bildet daher eine Übung, in der eigene Gedanken deutlicher wahrgenommen und auf Wahrhaftigkeit geprüft werden können:

- Hat das Gesagte Substanz oder ist es eher überflüssig?
- Muss ich es jetzt sagen? Ist dies ein günstiger Zeitpunkt?
- Was ist meine Rolle im Gespräch?
- Habe ich nüchtern und neutral die Situation beobachtet? Bin ich selber emotional in das Geschehen verstrickt?
- Habe ich verletzende oder liebevolle Worte gesagt?

- War es förderlich und nützlich für mein Gegenüber?
- Kann mein Gegenüber die Konsequenzen für sich tragen?
- Kann ich die Konsequenzen für mich tragen?

Bei Befolgung dieser Prinzipien mag weniger geredet werden. Dies bedeutet nicht, dass man sich von anderen Menschen absondert und zurückzieht. Die Kommunikation erhält eine neue, wertvolle Tiefe und Qualität hinzu, die von anderen positiv wahrgenommen werden kann. Ein Ziel der Übungspraxis von Satya lautet, das Netz der Unwahrheit zu zerschneiden. Gedanken, Gefühle, Erwartungen und Abneigungen werden klar und differenziert betrachtet und alle Gedanken, Worte und Taten wieder zur Wahrhaftigkeit ausgerichtet.

Die Inflation der Lügen

In Neuseeland traf ich 2003 auf einem Seminar einen Millionär, der sich in der beneidenswerten Lage befand, keine Unwahrheit und keine Notlügen mehr erzählen zu müssen. Sein materieller Reichtum half natürlich dabei, doch er fügte hinzu: *„Selbst als wir noch kein Geld und sogar noch Schulden hatten, haben wir uns nicht anders verhalten."*

Im Gegensatz dazu sind Lügen überaus präsent im deutschen Sprachgebrauch und gehören zum Alltag wie das Zähneputzen oder der Gang zur Toilette. Schwindeln, Schummeln, Erfinden, Verneбеln, Vertuschen, Verfälschen, Flunkern, Verharmlosen, Mogeln, Verdrehen, Schmeicheln und Übertreiben bilden die Basis für eine Inflation der Lügen. Nach neueren psychologischen Untersuchungen lügen Menschen im Acht-Minutentakt, „dass sich die Balken biegen". Sechs von zehn Deutschen sind überzeugt, dass Ehrlichkeit sich nicht immer auszahlt. Fast jeder Zweite ist überzeugt, dass Wahrheitsliebe leicht als Naivität und Dummheit ausgelegt werden könne, und weit mehr als jeder Dritte glaubt sogar, dass zur Lüge greifen muss, wer Karriere machen will.[20] Lügen und Halbwahrheiten werden als sozialer Kitt gesehen, der die Gesellschaft zusammenhält.

※

Auch der Wiener Sozialwissenschaftler Peter Stiegnitz ist der Meinung, dass ein Leben ohne Lügen nicht möglich ist, in vielen Situationen hält er Schwindeln sogar für sinnvoll. Diese Position untermauert er seit mehr als dreißig Jahren durch wissenschaftliche Untersuchungen und gilt damit als Begründer der Mentiologie (Lehre von der Lüge). In Stiegnitz' Augen ist Lügen ein wichtiger Bestandteil sozialer Intelligenz, der häufig dem Selbstschutz dient und dazu beiträgt, dass wir mit unseren Mitmenschen besser klarkommen. Stiegnitz selbst verdankt einer Lüge sogar sein Leben: Als den Achtjährigen 1944 in einem Sammellager für die Transporte nach Ausschwitz ein NS-Offizier fragte, ob er Jude sei, antwortete er mit „Nein" und konnte daraufhin den Transport verlassen. Auch in Alltagssituationen hält Stiegnitz Lügen aus Höflichkeit für allgemein akzeptiert, zum Beispiel wenn man jemandem ein Kompliment für ein Kleidungsstück macht, das man eigentlich geschmacklos findet. In einem solchen Fall sei die Lüge für beide Seiten besser als das ehrliche Urteil. Eine Grenze wird jedoch laut Stiegnitz überschritten, wenn man einem anderen Menschen durch die Lüge bewusst schadet.

Vor einigen Wochen ging ich zum Zeitschriftenladen am Bahnhof. Durch Zufall bekam ich eine Unterhaltung zwischen dem Verkäufer und einem Kunden mit, die mit folgendem Satz endete: „Eine kleine Lüge am Tag ist erlaubt." Es ist unfair, einen aus dem Zusammenhang gerissenen Satz zu interpretieren, dennoch setzte er folgende Gedankenkette bei mir in Gang:

Gehen wir mal davon aus, dass eine einzige Lüge am Tag gestattet wäre. Bei einer Bevölkerungsanzahl von etwa 80 Millionen Menschen in Deutschland sind dies 80 Millionen Lügen am Tag, in einem Jahr also fast 300 Milliarden Lügen, Halbwahrheiten oder Übertreibungen. Sind wir so sicher, dass eine Lüge am Tag unserer Gesellschaft keinen Schaden zufügt? Betrachtet auf die gesamte Weltbevölkerung von etwa 7 Milliarden Menschen, führt diese Zahlenspielerei noch zu viel größerem Einfluss auf die planetare Gemeinschaft.

Vermutlich werden Sie grundsätzlich zustimmen, dass es besser ist, immer die Wahrheit und niemals die Unwahrheit zu sagen. „Lügen haben kurze Beine", pflegte mein verstorbener Adoptivvater zu sagen. Egal wann Lügen entdeckt werden, belasten sie auf lange Zeit nachhaltig ein vertrauensvolles Miteinander. Verständlicherweise ist die Umwandlung von Misstrauen in Vertrauen für den Belogenen oft nicht mehr möglich.

Trotzdem erscheint es schwierig, im alltäglichen Leben stets wahrhaftig zu sein. Bereits bei der Frage „Wie geht es dir?" wird fast stereotyp die Antwort „Danke, gut!" gegeben, selbst wenn man sich elend fühlt. Statt der Kollegin gegenüber ehrlich zuzugeben, dass man keine Lust hat, mit ihr mittags essen zu gehen, steckt man halt „über beide Ohren in Arbeit". Dies ist eine der „weißen" Lügen, die den Büro- und Familienalltag scheinbar reibungslos am Laufen hält, damit alles wie „geschmiert" läuft. Kleine Lügen erhalten vordergründig die Freundschaft, verbergen unausgesprochene sowie ungeklärte Spannungsfelder und beugen Feindseligkeit und einer miesen Arbeitsatmosphäre vor. Paradoxerweise ist die Folge ein scheinbar harmonisches Miteinander – verbunden mit dem Preis, dass empfundene Störungen nicht rechtzeitig und konsequent angesprochen werden und unter einer friedlichen Oberfläche weiter schwelen.

„Schwarze" Lügen dagegen dienen einzig dem Nutzen des Lügners zum Schaden eines anderen, beispielsweise:

- Fehler nicht zuzugeben, um sie dann schließlich anderen unterzuschieben,
- Verbreitung falscher Gerüchte oder Behauptungen über Kollegen oder andere Mitmenschen,
- Erfolge anderer Teammitglieder sich selbst zuzuschreiben,
- Versprechungen abzugeben, die man nicht einhalten kann.

Eine Studie der German Consulting Group, Karlsruhe, ergab, dass 63 Prozent der mehr als 400 befragten deutschen Manager ihre Geschäftspartner, Kollegen und Mitarbeiter bisweilen zur Vorteilsbeschaffung belügen. Als ein Grund für den sinkenden Wahrheitsgehalt im Büro wurden einerseits die modernen Kommunika-

tionsmittel genannt. SMS, Blackberrys und E-Mails erleichtern das
Lügen, denn man muss dem Gegenüber dabei nicht ins Gesicht sehen. Auch in der Gesellschaft werden kaum mehr ehrliche Vorbilder
wahrgenommen. Stattdessen sieht man Politiker, die ihre Wahlver-
sprechen nicht halten, Werbung, der man ebenso nicht vertrauen
darf oder beispielsweise Finanzberater, die ihren Kunden exzellente
Renditen bei scheinbar hoher Sicherheit mit unlauteren Versprechungen anbieten. Alles erstunken und erlogen, oder?

Ohne Vertrauen können kein Sozialgefüge und keine spirituelle
Gemeinschaft dauerhaft funktionieren, da vorherrschendes Misstrauen den Zusammenhalt der Menschen unterhöhlt. Vertrauen
aber repräsentiert eine Qualität von Beziehungen und Kooperati-
onen untereinander. Es kann nicht auf Befehl angewiesen werden,
sondern ist das Resultat eines längeren Prozesses, indem eine Person
lernt, sich auf eine andere Person einzulassen. Vertrauen wächst beispielsweise mit der Annahme, dass das Gegenüber seine Versprechen
ernst meint und hält. Basis dafür ist Ehrlichkeit, die den Grundstein
für Integrität und Authentizität bildet.

Die Verwirklichung von Gewaltlosigkeit und Wahrhaftigkeit
lässt Menschen zusammenrücken und sich gegenseitig respektieren.
Deswegen ist die Übung von Satya verbunden mit Ahimsa so wichtig – egal in welcher Art von Gemeinschaft wir leben.

Folgen der Nicht-Wahrhaftigkeit

Warum sind Lügen so populär? Welchen Zweck erfüllen sie und
welchen Nutzen bringen sie uns? Zwei Formen der Unwahrheit
wurden bereits vorgestellt, die im Folgenden um weitere Spielarten
ergänzt werden:

- „weiße" Lügen (Schmierstoff scheinbar harmonischer Beziehungen),
- „schwarze" Lügen (als bewusste Benachteiligung anderer
  Menschen),
- des Weiteren: Heucheleien, Schmeicheleien, Übertreibungen, Wortverdrehungen, Täuschungen, Beschönigungen,

- nicht gehaltene Versprechungen, gebrochene Verträge und Meineide,
- Ironie, Sarkasmen und Zynismen,
- scheinbar wahrhaftige „Beweise" (zum Beispiel Statistiken, Satellitenbilder),
- Vertuschungen, Gerüchte, Ammenmärchen, anonyme Briefe etc.

Gedanken und Gefühle bringen innere körperliche Reaktionen hervor. Körperliche Unruhe wie Rumzappeln, schweißnasse Hände, veränderte Stimmlage, Druck im Magen oder in der Herzgegend, Verspannungen in Gesicht- und Schulterpartie können Indikatoren für Stress sein, ausgelöst durch das Sagen einer Unwahrheit. Die bewusste oder unbewusste Angst vor dem Erwischt-Werden bereitet den Körper für eine Kampf-Flucht-Reaktion vor. Physische und gesundheitliche Konsequenzen bei anhaltender Nicht-Wahrhaftigkeit scheinen möglich zu sein.

Unwahrheit gibt zusätzlich Hinweise über innere Zustände und Ängste im Leben. Fehlt es an Selbstbewusstsein und Selbstrespekt? Ist Angst gegenüber einer bestimmten Person oder Situation vorhanden? Fühlt man sich allein, vielleicht nicht anerkannt? Ist es vielleicht die Überzeugung, mit der Wahrheit nicht das zu erreichen, was man im Leben erreichen will?

Die Folgen der Wahrhaftigkeit

Jemand, der die Wahrhaftigkeit verinnerlicht hat und im persönlichen Kontakt Ehrlichkeit pflegt, wird von seinen Mitmenschen für echt, zuverlässig und glaubwürdig gehalten. Diese drei Eigenschaften berühren das griechische Wort *authentikos,* was zum Begriff der *Authentizität* führte. Amtliche Schriftstücke gelten daher als authentisch, weil ihre zweifelsfreie Herkunft – z. B. durch einen behördlichen Stempel versehen – unanfechtbar und garantiert ist. Bei Menschen haben wir ein ähnliches Bild: Als authentisch wird derjenige wahrgenommen, dessen Wirken als unverfälscht, zuverlässig, selbstbestimmt und nicht imitierend wahrgenommen wird.

Es tritt klar hervor, welche Position ein solcher Mensch bezieht und welche inneren Werte sein äußeres Tun prägen. Überzeugungen und Erwartungen werden klar geäußert und mit Mut und Konsequenz umgesetzt. Hier wird Wahrhaftigkeit nach innen wie nach außen gelebt.

Authentizität ist ein Ideal, was jedoch gleichfalls Schattenseiten aufweisen kann. Zunächst einmal können authentische Menschen durchaus unangenehm sein, wenn sie ihre Positionen vertreten. Und in einem Aspekt authentisch zu sein bedeutet nicht automatisch, dass weitere Persönlichkeitsbereiche ebenfalls glaubwürdig und integer gelebt werden. (Beispielsweise muss jemand, der Meditation regelmäßig übt und authentisch darüber spricht, nicht zwangsläufig im Geschäftsleben vertrauenswürdig und ehrlich sein.) Satya fügt der Authentizität die Integrität hinzu, sodass man als gleichermaßen wahrheitsliebender und vertrauenswürdiger Mensch wahrgenommen wird.

Ziel von Satya ist, in allen Facetten Wahrhaftigkeit zu verinnerlichen. Dies bedeutet lebenslanges Lernen und Arbeiten an der eigenen Persönlichkeit.

Wie kann ich lernen, mir selbst gegenüber ehrlich zu sein? Wie kann ich eigene Bedürfnisse ehrlich erkennen und entsprechende Erkenntnisse konsequent und mutig umsetzen? Wie ist Wachstum mit Wahrhaftigkeit möglich?

In gewisser Weise werden wir durch verschiedenste Einflüsse in unserem Leben geprägt, beispielsweise durch:

- unser Land und unseren Kontinent,
- unsere Kunst, Kultur und Medien,
- unsere Hautfarbe,
- unsere Altersgruppe,
- unsere Religionszugehörigkeit,
- unsere Partnerschaft, Freunde und Nachbarn,
- unsere Herkunftsfamilie,

71

- unseren Arbeitsplatz und die Branche, in der wir beschäftigt sind,
- verschiedene Gemeinschaften (zum Beispiel Parteien, Vereine, Sozialversicherungssysteme, karitative Organisationen).

Diese Einflüsse wirken als Filter, durch die nur ein begrenzter Ausschnitt der Wirklichkeit wahrgenommen wird. Alle diese benannten Gruppen besitzen ausgesprochene und manchmal auch unausgesprochene Regeln, Überzeugungen, Leitbilder und Wertesysteme. Diese werden befolgt, um eben einer solchen Gruppe anzugehören. Solche Regeln geben einen Entwicklungsrahmen, Identität und Sicherheit, und solange wir uns an diese Regeln und Erwartungen halten, entsteht keinerlei Konflikt. Widerstand entsteht in dem Augenblick, wenn eingefahrene Bahnen verlassen und neue Werte sich entwickeln bzw. umgesetzt werden wollen. Die alten Glaubenssätze gehen in Widerspruch mit dem Wunsch nach persönlichen Wachstum. Der „Augenblick der Wahrheit" ist gekommen. Wollen wir weiterhin in Sicherheit leben oder dem Ruf unseres Herzens folgen?

In meinem Freundeskreis haben in den letzten Jahren einige Menschen ihre Arbeitsstelle gekündigt, manche sind sogar für mehrere Jahre ins Ausland gegangen. Bei allen war es ein Schritt ins Ungewisse. Jeder von ihnen hatte innere und äußere Widerstände zu überwinden – beispielsweise durch Freunde, Eltern oder Geschäftspartner, die die scheinbare Sicherheit des alten Arbeitsplatzes anpriesen oder die Aussicht auf eine erfolgreiche Selbstständigkeit (zum Beispiel als Yogalehrerin) anzweifelten. Eigene Entscheidungen mussten gefällt werden.

Satya bedeutet, ehrlich zu sich zu sein und den eigenen Weg für persönliches und spirituelles Wachstum zu finden. Mit Wahrhaftigkeit beschreitet man den Weg der Furchtlosigkeit. Dieser Weg der Wahrheit ist aber nicht unbedingt bequem und kann Anstrengung und Auseinandersetzung bedeuten.

Grenzbereiche zwischen Wahrheit und Unwahrheit

Ist es manchmal sinnvoll, nicht die Wahrheit zu sagen? In der Betrachtung von *Ahimsa* lernten wir solch eine Situation bereits kennen. Das gesprochene Wort ist keine Wahrheit, wenn ein Mitmensch verletzt oder manipuliert wird. Durch den Verstoß gegen die grundlegende ethische Maxime der Gewaltlosigkeit werden solche Äußerungen nicht als Wahrheit angesehen.

Schweigen in Mitgefühl ist manchmal der bessere Weg. Wir können anderen Menschen weder Erfahrungen abnehmen, noch sollten wir ihnen Bewertungen und Deutungen des eigenen Lebens als allumfassende Kochrezepte einfach überstülpen.

Schweigen mag für uns, die wir es scheinbar besser wissen, schwer auszuhalten sein. Wie kann ich schließlich einen Freund, einen Partner, oder einen guten Kollegen blindlings ins Verderben laufen lassen? Schweigen als Übungsweg ist besonders schwierig, weil wir nicht gewöhnt sind, eigene Weltbilder und vorgefasste Meinungen nicht zum Ausdruck zu bringen. Wer kann aber schon mit absoluter Sicherheit sagen, dass unsere Ansichten die einzigen wahren und richtigen sind?

Eine Alternative mag die folgende Satzfolge sein:
1. Was hast du gemacht?
2. Was hast du dir dabei erhofft?
3. Welche anderen Möglichkeiten bieten sich dir noch?
4. Was wirst du als nächsten Schritt konkret tun?

Solche Fragen eröffnen neuen Raum für beide Gesprächsparteien. Hier kann der Fragesteller dem anderen ohne emotionale Verstrickung und ohne Bindung ermöglichen, dessen Handlungsweisen und Beweggründe darzulegen. Der Fragende vertraut dem Gegenüber in dessen Fähigkeit, das Leben selbst zu bestimmen und die Lösung für seine Probleme allein zu finden. Er übernimmt keine Verantwortung durch sogenannte „gute Ratschläge". Wie ein Sprichwort so schön sagt: „Ratschläge sind auch Schläge." Durch eine Kombination von Fragen können sich beim Gegenüber Alternativen entfalten. Er entscheidet frei und in eigener Verantwortung, ob er sie für sich als sinnvoll betrachtet. Der nächste Schritt – wenn konkret angegangen und umgesetzt – führt zu Veränderung, einem neuen Handlungs- oder vielleicht Lebensabschnitt. Dies ist praktizierte Wahrhaftigkeit.

Bevor du etwas sagst, überprüfe erstens, ob es wahr ist, zweitens ob es freundlich ist, und drittens, ob es notwendig ist. Und nur dann, wenn es wahr, hilfreich und notwendig ist, dann sage etwas.

ARABISCHES SPRICHWORT

Am Todestag seiner Frau erzählte mein Adoptivvater einige Geschichten über die gemeinsamen dreiundfünfzig Ehejahre. Zwei Kinder hatten sie in die Welt gebracht, und beide starben innerhalb der ersten zwei Jahre nach ihrer Geburt. Ilse und Joachim nahmen mich auf, als ich vier Wochen alt war. Während der nächsten fünf Jahre folgten wegen der Adoption juristische Auseinandersetzungen mit meiner leiblichen Mutter. Eines Tages sagte Ilse zu mir: „Alex, du musst jetzt ganz still sein. Versteck dich im Bettkasten, gib keinen Laut von dir, da will dich jemand von uns wegholen." Der Gerichtsvollzieher stand vor der Tür und fragte, ob ich da sei. Meine Adoptivmutter war eine kleine, stämmige Frau. Sie stand in der Wohnungstür und versperrte dem Gerichtsvollzieher den Weg. „Alex ist nicht da", sagte sie im Brustton der Überzeugung, und der Gerichtsvollzieher zog unverrichteter Dinge von dannen.

Ilse hatte gelogen, aber aus der Überzeugung reiner Mutterliebe und zu meinem Besten. Als ich diese Geschichte von meinem trauernden Adoptivvater hörte, war ich bewegt und dankbar für ihren Mut, sich tapfer dieser Bedrohung zu stellen. Um mich zu schützen, nahm sie strafrechtliche Konsequenzen in Kauf. Was nützt Wahrheit, wenn sie die Menschen, die man liebt, schädigt?

74

Herbst 2002, Güldenholm am Langsee in Schleswig-Holstein. Ich gehe mit zwei Yogafreunden spazieren. Unsere Unterhaltung dreht sich um die Maha Kumbha Mela, die bisher größte spirituelle Zusammenkunft der Menschheitsgeschichte. Zwischen geschätzt 70 und 120 Millionen Pilger trafen sich im Januar und Februar 2001 bei Allahabad, um ein Bad im Ganges zu nehmen und den Lehrern und Weisen zuzuhören.

Ich erzähle beiden, wie ich den Aufenthalt in Indien empfunden habe, und wo meine Reisegruppe während der vier Wochen untergekommen ist. Ausgiebig und mit wachsender Begeisterung beschreibe ich unsere Zeltstadt in leuchtenden Farben. Im Überschwang sage ich, dass wir den Ganges wunderbar überblicken konnten, da sich die Zeltstadt auf einer 15 Meter hohen Anhöhe direkt am Ufer befand.

Die beiden blicken kurz auf und meinen lapidar: „Ganz schön hoch!" Später überlege ich, wie hoch 15 Meter eigentlich sind und komme zu dem Schluss, dass ich maßlos übertrieben habe. Nicht weiter schlimm: nur eine Übertreibung, die niemandem weh tut – aber meine Worte sind nicht wahrhaftig gewesen.

Lüge vs. Gewissen – Eine Geschichte aus dem Mahabharata

In dem über 100.000 Verse langen, indischen Epos der Mahabharata wird eine kontroverse Facette der Wahrhaftigkeit und der Notwendigkeit des Lügens erzählt. Am 14. Tag der Schlacht von Kurukshetra, in der sich hunderttausende von Kriegern gegenüberstehen, neigt das Kriegsglück sich zugunsten der Kauravas und ihrem Heerführer Drona. Die Gegenpartei der Pandavas mit König Yudishthira gerät in schwere Bedrängnis. Drona erscheint unbesiegbar und fügt der pandavischen Armee schwere Verluste zu. Die Schlacht auf dem heiligen Feld der Gerechtigkeit (Kurukshetra) ist fast verloren. Die Pandavas sind in diesen Krieg gezogen, um wieder Ethik und Gerechtigkeit in ihrem Land zu etablieren.

König Yuddhisthira gehört der Kriegerkaste (Kshatriya) an, die mit einem strengen Ehrenkodex die Gesellschaft schützt und eine gerechte Ordnung und Harmonie wiederherstellen will. Krishna ist inkarnierte Gottheit, Repräsentant für das Höhere Selbst im Menschen sowie enger Freund und Ratgeber der Pandavas. In diesem entscheidenden Moment der drohenden Niederlage bespricht er sich mit Yuddhisthira und dessen Bruder Arjuna, seinem Heerführer.

„Oh Arjuna", beginnt Krishna, „niemand kann diesen Drona besiegen, es sei denn, die Regeln des Dharma und der Ehrenkodex der Krieger werden verletzt. Kein anderer Weg steht offen. Es gibt nur eine Möglichkeit, dass Drona das Interesse am Kämpfen verliert und seine Waffen niederlegt. Jemand muss ihm mitteilen, dass sein Sohn Aswatthama in der Schlacht gefallen ist. Hört er, dass sein Sohn tot ist, wird er alles Interesse am Leben verlieren und aufhören zu kämpfen."

Arjuna wendet sich schreckenserfüllt ab und folgt nicht dem Rat seines spirituellen Lehrers und Wagenlenkers, den einstigen Lehrer Drona mutwillig zu belügen. Diejenigen, die in der Nähe sind, weisen ebenfalls die Idee dieser arglistigen Täuschung zurück.

Yuddhisthira versinkt in tiefe Kontemplation und wägt alle Konsequenzen ab. Schließlich sagt er: „Ich werde diese Sünde der Lüge auf mich nehmen."

Sein starker Bruder Bhima hebt eine eiserne Axt und schlägt sie auf den Kopf eines riesigen Elefanten namens Aswatthama, sodass dieser leblos umfällt. Nachdem er den Elefanten getötet hat, begibt er sich in die Nähe von Dronas Divisionen und brüllt lautstark: „Ich habe Aswatthama umgebracht, ich habe Aswatthama umgebracht!" Bhima ist der stärkste Krieger der Pandavas, ein Mensch von ungeheurer Kraft. Bis dahin hat er einen solch unehrenhaften Akt in seinem Leben weder vollbracht noch angedacht. Er beginnt sich sofort für seine Worte tief zu schämen.

Mitten im Kampfgeschehen hört Drona die Rufe von Bhima und fragt: „Yuddhisthira, ist es wahr, dass mein Sohn getötet worden ist?" Der Krieger fragt seinen ehemaligen Schüler, in der Annahme, dass dieser seinem Ehrenkodex verpflichtet niemals eine Unwahrheit ausspricht („noch nicht mal für das Königreich der drei Welten"). Krishna ist tief beunruhigt, als Drona diese Frage stellt. „Wenn Yuddhisthira jetzt versagt und von der Unwahrheit zurückweicht, sind wir verloren. Die Waffen Dronas sind fürchterlich und die Pandavas werden vernichtet werden." Yuddhisthira steht zitternd vor Drona und sieht voller Schrecken, was getan werden muss. In ihm ist aber auch das Verlangen zu gewinnen. Er nimmt die Sünde auf sich, panzert sein Herz und sagt: „ Ja, es ist wahr, dass Aswatthama gefallen ist." Als er dies ausspricht, fühlt er wieder die Unwahrheit seiner Worte und fügt leise hinzu: „Aswatthama, der Elefant." Der Satz verliert sich im Lärm der Schlacht und wird von Drona nicht gehört.

Nachdem diese unehrenhaften Sätze zu Drona gesprochen sind, senkt sich der schwebende Kriegswagen von Yuddhisthira zur Erde und berührt zum ersten Mal den Boden. Vyasa, der Autor des Mahabharata erzählt, wie dieser Wagen sonst stets zehn Zentimeter über dem Boden schwebt. Yuddhisthira, der Ehrenhafte und Gerechte, Schützer des Dharma, der niemals in seinem Leben eine Lüge aussprach, wird so buchstäblich „irdisch" und somit ein Teil der Welt, die voller Unehrlichkeit und Unwahrheit ist.

Drona verliert allen Lebenswillen und lässt seine Waffen sinken. Er setzt sich in die Meditationshaltung und wird zum Entsetzen der Zuschauer getötet. Seine Seele wird in einem hellen Lichtstrahl zum Himmel getragen.

Das Gemetzel geht tagelang weiter. Die Gegner werden vernichtend geschlagen. Die Pandavas gewinnen die Schlacht von Kurukshetra, aber zu dem fürchterlichen Preis des Verlustes ihres Heeres und all ihrer Kinder. Sie stellen die gerechte Ordnung der Gesellschaft wieder her und führen ihr Land zu neuer Blüte.

Heiligt der Zweck die Mittel? Musste zum Wohle vieler Menschen gelogen werden? Umfasst die Gesamtheit der Schöpfung nicht ebenso das Konzept der Lüge? Es gilt abzuwägen, ob manchmal Unwahrheiten ausgesprochen werden müssen. In Grenzsituationen ist dieser Spagat schwer auszuhalten. Die innere Instanz von Buddhi (Unterscheidungskraft, intuitives Wissen und Entscheidungsfähigkeit) sowie das eigene Gewissen helfen in diesem schwierigen Prozess.

77

Je weniger verletzt und manipuliert wird, umso mehr nähern wir uns der Wahrhaftigkeit und der Erkenntnis, dass Menschen einzig glücklich werden wollen. Dann ist es nur noch ein kleiner Schritt zu Ahimsa. Ahimsa und Satya sind miteinander verbunden; ohne das eine kann das andere nicht existieren.

Die Idee der Gewaltlosigkeit (Ahimsa) verträgt sich mit keinem bösen Gedanken, auch nicht mit unsinniger Eile, mit Hass und Verwünschungen. Sie lässt nicht zu, dass wir Dinge für uns behalten, die die Welt nötig hat. Ohne Gewaltlosigkeit kann man Wahrheit weder suchen noch finden. Beide hängen so eng zusammen, dass sie nicht zu trennen sind. Sie sind wie die zwei Seiten einer Münze, nein, einer ungeprägten Metallscheibe. Man könnte nicht sagen, welches die Vorder-, welches die Rückseite ist. Gleichwohl ist Gewaltlosigkeit nur das Mittel, die Wahrheit das Ziel.

MAHATMA GANDHI[21]

Zusammenfassung

- Lügen gehören zum Alltag. Mit Satya bekommt der Yoga-Übende ein Werkzeug, mit dem er an Eigenschaften wie Achtsamkeit, Ehrlichkeit, Integrität, Festigkeit und Authentizität arbeiten kann, um die Zahl der großen und kleinen Lügen zu verringern.

- Gewaltlosigkeit und Wahrhaftigkeit sind miteinander gekoppelt. Im Zweifel hat die Gewaltlosigkeit das höhere Gewicht. Trotzdem ist das Aussprechen respektvollen Klartextes wichtig, um Missstände und Ungerechtigkeiten deutlich anzusprechen.

- Manchmal gibt es keinen anderen Ausweg als Lügen. Die Konsequenzen müssen vorher durchdacht und abgewogen werden.

- Persönliche Ansichten, Weltbilder, Vorstellungen, Programme, Meinungen sowie die eigene „Wahrheit" dürfen niemand anderem aufgezwungen werden. Man sollte Vertrauen entwickeln, dass der Gesprächspartner die Fähigkeit in sich trägt, selbst Lösungen zu finden und eigenständiges Zuhören übt. Dies wäre im Sinne von Ahimsa, der Gewaltlosigkeit.

Abbildung 9: Satya – Potenziale und Risiken der Wahrhaftigkeit

Potenziale	Risiken
Basis für das Erkennen der absoluten Realität: dessen, „was ist"	Andere im Namen der Wahrheit verletzen
Instrument zur Überwindung von Anhaftung (Raga) und Abneigung (Dvesha)	Überzeugung, Verkünder der „einzigen" Wahrheit zu sein
Klare Analyse und Sicht auf eigene Gefühle, Gedanken, Erwartungen und Abneigungen	Geringe Akzeptanz anderer Menschen, Meinungen und Positionen
Abbau von Stress und Furcht vor anderen durch weniger Lügen	Kritik und Überforderung anderer Menschen
Klares Benennen von Ungerechtigkeiten und Missständen	Widerstand gegen Veränderung, da man selber im Besitz der „Wahrheit ist
Erarbeiten von Integrität und Authentizität	Vereinsamung: „Ich muss immer die Wahrheit sagen", „Niemand versteht mich"
Zusammenrücken von Menschen durch wachsendes Vertrauen	Manipulativer Einsatz von Wahrheit (z. B. falsche Diplomatie, Beschönigung von Missständen)
	Die Wahrheit anderer Systeme und Leitbilder über die eigene (Gewissens-)Wahrheit stellen

Asteya – Nicht stehlen

Fest in dem Nicht-Stehlen verankert, kommt aller Reichtum.

YOGA-SUTRAS, KAP. 2, V. 37

„Du sollst nicht begehren deines Nächsten Hab und Gut" mahnen die christlichen Schriften. „Du sollst nicht stehlen" gehört zu den Zehn Geboten, die Kinder im christlichen Gottesdienst lernen. Im Sanskrit bedeutet Steya *stehlen*. Mit der vorangestellten Silbe *a* drückt sich eine Verneinung aus, die zu *Asteya,* also dem *Nicht-Stehlen* führt. Das dritte Yama empfiehlt, sich nicht heimlich oder mit Gewalt etwas anzueignen, was rechtmäßig anderen und einem selber nicht gehört. Dazu zählen materielle wie immaterielle Objekte – zu letzteren gehören beispielsweise Informationen, Rechte und Copyrights. Desikachar zählt Unterschlagung, Veruntreuung, Bestechung ebenfalls zum Bereich des Stehlens. Lob und Anerkennung für einen Erfolg anderer Menschen unrechtmäßig wegzunehmen und die Lorbeeren selber einzuheimsen, wird ebenfalls als Diebstahl betrachtet.

In manchen Ländern mit hoch entwickelter Agrarindustrie werden beispielsweise jedes Jahr Tonnen von Lebensmitteln bewusst vernichtet, um die Nahrungspreise stabil und hoch zu halten. Sri Swami Satchidananda beschreibt in seinem Kommentar der Yoga-Sutras dieses Verhalten als Sünde und als Diebstahl: Statt der mutwilligen Vernichtung sollten die Lebensmittel mit gesenkten Preisen den Menschen gegeben werden, die ihrer dringend bedürfen. Dann würde in diesem Beispiel der Reichtum der Welt geteilt werden: weil wir anderen etwas geben, anstatt nur zu nehmen bzw. anderen Menschen etwas vorzuenthalten. Und da wir in einer planetarischen Gemeinschaft miteinander verknüpft sind (s. S. 31, Kapitel „Ahimsa"), mag uns dieses Miteinander-Teilen etwas Reichtum zurückbringen – in welcher Form auch immer.

Zu den Ursachen „diebischen" Verhaltens zählen Habgier, Neid, Gefühle von Unglück oder eigener Unzulänglichkeit. Im Gefühl dieser Unvollständigkeit wird versucht, diese Leere in uns zu füllen – und zuweilen hilft der Diebstahl ersehnter Dinge, sie zu überwinden. Dabei wird nicht beachtet, dass neben der Verletzung des Bestohlenen das eigene leere Gefühl der Unerfülltheit nur für kurze Zeit gestillt ist und sich schnell wieder einstellt.

Asteya ist das negative Pendant zur Zufriedenheit (Santosha). Ein in sich ruhender und zufriedener Mensch benötigt den Besitz anderer nicht. Er erlaubt sich nicht, den sozialen Frieden und die Harmonie zu stören, um Dinge unrechtmäßig zu erlangen. Wenn er auf etwas Acht geben soll, hintergeht er niemanden und eignet sich die anvertraute Sache nicht widerrechtlich an. Er hat es nicht nötig, anderen Wesen in ihrer Abwesenheit und ohne ihre Zustimmung etwas wegzunehmen. Auf nichts und niemanden neidisch, trägt er nicht das Gefühl in sich, ungerechterweise im Leben zu kurz gekommen zu sein. Im Gegenteil: Er schaut auf seine Mitmenschen und ist achtsam, dass sie nicht durch seine Handlungsweisen (beispielsweise Konsumverhalten) irgendwelche Nachteile erleiden.

Das ethische Prinzip des Nicht-Stehlens bietet also gute Gelegenheiten für:

- das Loslassen von Anhaftung (Raga),
- das Üben von Aparigraha (dem fünften Yama gegen unnötige Besitzanhäufung),
- das Üben von Tapas (dem dritten Niyama zur Stärkung der Selbstdisziplin und Willenskraft),
- das Üben von Santosha (dem zweiten Niyama der Zufriedenheit),
- das Üben von Ahimsa (dem ersten Yama der Gewaltlosigkeit).

Gier und Verlangen nach materiellen oder immateriellen Dingen entwickeln starke Triebkräfte. Der Wert der gestohlenen Sache ist dabei oft weniger bedeutsam als vielmehr die innere Haltung zum Stehlen. Daher offenbaren manchmal gerade kleine Diebstähle solche Verhaltensmuster.

Mein Yoga-Lehrer machte sich häufig lustig über Menschen, die heimlich in Hotels kleine Seifen, Bademäntel, Badeschlappen etc. nach Hause mitnehmen, obwohl sie selber vermögend waren und diese Gegenstände bereits besaßen. Gelegenheit macht Diebe: „Schließlich sieht niemand, wenn ich die Duftfläschchen

einpacke; … schließlich habe ich das mitbezahlt …, außerdem ist es
ein schönes Andenken an meinen Aufenthalt. Für die nächste Reise
kann ich die Seifen wieder gut gebrauchen." Dies lässt sich leicht ins
Arbeitsleben übertragen. Heimliche private Telefonate am Arbeitsplatz, mal während der Arbeitszeit rumzusitzen und nichts tun, ein
schneller Griff in den Materialschrank im Büro, E-Mails und Inter-
netsurfen in der Arbeitszeit – nichts Schlimmes und nichts Außer-
gewöhnliches, aber eine subtile Form des sich Bedienens mit etwas,
was einem nicht gehört. Versteckte Heimlichtuerei ist der ständige
Gefährte des Diebstahls.

Die angstvolle Sorge um die Zukunft ist Ursache vieler Diebstähle.
Heute begehren wir etwas, morgen treffen wir schon Vorkehrungen,
saubere, wenn es möglich ist, unsaubere, wenn es nötig ist, um uns
das Begehrte anzueignen. Ideen können genauso gestohlen werden wie
materielle Dinge. Wer sich als Urheber einer Idee ausgibt, die nicht
von ihm stammt, ist ein Gedankendieb. Will man sich rein halten von
Diebstahl, so muss man sich sehr um Demut, Rücksicht, Wachsamkeit
und einfache Gewohnheiten bemühen.

MAHATMA GANDHI[22]

Yoga empfiehlt, das Nicht-Stehlen gedanklich, verbal und in Handlungen zu praktizieren. Ein gutes Beispiel ist das Brennen von Musik. Die Begründungen, mit denen Musik-CDs kopiert (gebrannt)
und weiterverteilt werden, sind erstaunlich. „Die Künstler verdie-
nen ja genug, die Plattenfirmen gehen schon nicht pleite und CDs
sind sowieso viel zu teuer." Wie würde aber ein Musiker sich fühlen, wenn seine Musik-CD veröffentlicht wird und diese beständig
widerrechtlich kopiert und weitergegeben wird? Wenn Songs ohne
Erlaubnis und Gegenleistung für die Leistung des Künstlers aus dem
Internet runtergeladen werden? Die beliebte Ex-Sängerin der Eu-

rhythmics und seit Jahrzehnten erfolgreiche Solokünstlerin Annie Lennox meint dazu:

Ich liebe es, über das Internet mit Menschen zu kommunizieren, und zu bloggen. Und es ist großartig, Musik mit diesen neuen kleinen elektronischen Mischpulten aufzunehmen – anstelle der alten klobigen. Aber ich bin auch ein bisschen altmodisch. Ich kann zum Beispiel nicht verstehen, dass Menschen Songs von uns herunterladen und wie selbstverständlich davon ausgehen, dass das nichts kostet.[23]

Im Internet gilt geistiges und künstlerisches Eigentum oft wenig – interessanterweise scheint es wenig Unrechtsbewusstsein in dieser virtuellen Welt zu geben. Woran liegt das? Weil das Gestohlene unsichtbar auf irgendwelchen Festplatten und Servern liegt? Weil Diebstahl in der Datenwelt schwerer zu verfolgen ist? Weil das Wegnehmen so schnell und bequem ist, und weil es schließlich „alle" tun?

Bitte verstehen Sie mich nicht falsch: Es geht nicht darum, Menschen in großem Stil zu kriminalisieren – zumal aktuell im Jahr 2012 eine intensive Diskussion über Urheber- und Verwertungsrechte sowie angemessene Entlohnungssysteme im Internet in Gang gekommen ist. Wichtig ist die Erkenntnis, dass unsere Handlungen Konsequenzen haben, und wir alle – früher oder später – den Folgen ins Gesicht sehen müssen.

Es ist leicht, solche Fragen aufzuwerfen und etwas ganz anderes, sich strikt an diese Empfehlungen zu halten. Auf einer Thailandreise spazierte ich 2007 in Bangkok über die Khao San Road. In dieser berühmten Einkaufsmeile werden viele gefälschte Markenprodukte berühmter westlicher Mode-Labels und viele schwarz gebrannte CDs zu Spottpreisen angeboten. Im Kaufrausch kaufte ich etwa 50 dieser widerrechtlichen Tonträger („Das ist ja so günstig, die wollte ich schon immer haben, die würde ich mir zum Originalpreis in Deutschland nie kaufen, ich bin ja im Urlaub usw."). Im Nachhinein schämte ich mich, meine Reisegefährten schüttelten nur den Kopf und eine rechte Freude kam nicht in mir auf. Die CDs habe ich dann weggeworfen oder weitergegeben.

Die Kernfrage lautet: „Wenn alle so etwas täten, wo würde dies hinführen?" Immanuel Kant empfahl, so zu handeln, dass das eigene Handeln als ethisch allgemein gültiger Maßstab für die gesamte Gesellschaft übernommen werden könnte. Stehlen bedeutet mangelnde Wertschätzung gegenüber der Leistung von anderen. Jeder Mensch hat ein Anrecht darauf, angemessen entlohnt zu werden für das, was er geschaffen oder uns als Dienstleistung angeboten hat. Wird dieses Yama nicht respektiert, wird eine wichtige Säule im menschlich-ökonomischen Miteinander untergraben.

Gleichzeitig entsteht im Zuge der Globalisierung bei vielen Menschen ein planetarisches Bewusstsein. Ausbeutung und Zerstörung des Planeten werden zunehmend kritisch gesehen und die Entwicklung umwelt- und ressourcenschonender Technologien wird gefördert. Mehr Anstrengungen werden unternommen, den Diebstahl an den zukünftigen Generationen einzudämmen. Diese positive Entwicklung von Asteya ist nicht mehr aufzuhalten.

Zeitgeist Korruption – Bestechung und Bestechlichkeit

Du sollst dich nicht durch Geschenke bestechen lassen, denn Geschenke machen die Sehenden blind und verdrehen die Sache derer, die im Recht sind.

ZWEITES BUCH MOSE 23,8

Swami Rama führt in seinem Buch *Choosing A Path* das Annehmen von Schmiergeldern und Korruption als zusätzlichen Aspekt von Asteya auf, während andere Yoga-Traditionen dies eher Aparigraha, dem fünften Yama, zuordnen. In manchen Staaten dieser Welt ist Bestechung ein selbstverständlicher Teil des Lebensstiles geworden. Die Bedeutung des Wortes Korruption wird aus dem lateinischen Wort *corruptio* bzw. *corrumpere* abgeleitet und wird mit *Verderben* übersetzt. Ulrich von Alemann, Professor für Politikwissenschaft an der Heinrich-Heine-Universität Düsseldorf differenziert Korruption folgendermaßen: in die aktive Bedeutung in Form von Verführung und Bestechung sowie die passive Bedeutung als Sittenverfall, Verwahrlosung oder Bestechlichkeit. Greift man auf die Wurzel des Verbs *rumpere* zurück, kommt die Bedeutung *brechen, zerreißen, stürzen* hervor (also auch das Zusammenbrechen, Zusammenstürzen, Zerbrechen einer Ordnung).[24]

Bestechung und Bestechlichkeit ziehen sich durch die menschliche Geschichte und stellen ein globales Problem da. Letztlich bedeutet sie nicht nur die Zahlung von „Bakschisch" für eine Dienstleistung. Das Abzapfen von Staatsgeldern in die eigene Tasche für Villen und Luxusgüter zum Beispiel ist bei totalitären Regimen (DDR, Lybien etc.) sehr verbreitet (gewesen). Das Kaufen von Wählerstimmen, das Schachern um und das Kaufen von Einfluss und Macht, das Schmieren wichtiger Schlüsselpersonen wegen politischer Posten und Programme gelten als politische Korruption, die notwendige Veränderungen maroder staatlicher Strukturen verhindern. Was hat dies zur Folge?

Dudu Musway, Professor für Medizin und Präsident des Roten Kreuzes von Bandundu-Kikwit, Demokratische Republik Kongo, beschreibt die dramatischen Folgen von Korruption in seinem Land.[25] Er verweist darauf, dass im Kongo ohne Schmiergeld gar nichts laufe. Dies habe schwerwiegende Konsequenzen, wie er am Bereich der Bildung zeigt: Ein geringes Gehalt und häufig verspätete Zahlungen führten dazu, dass manche Lehrer quasi gezwungen seien, den Schülern zu ermöglichen, durch „besondere Leistungen" ihre Zensuren aufzubessern. Den Teufelskreis, der sich daraus ergibt, beschreibt Musway wie folgt: „Diejenigen, die mithilfe von … Bestechung … ihre Prüfung bestanden haben, sind mittlerweile in verantwortlichen Positionen. Wir haben jetzt Ingenieure und Ärzte, die nicht die Arbeit leisten können, die ihre Titel versprechen. Und sie sollen wieder Ärzte und Ingenieure ausbilden. Was würde geschehen, wenn mich ein solcher Arzt operiert?"

Dass diese Frage wirklich über Leben und Tod entscheidet, hat Musway am eigenen Leib erfahren. Nach einem Motorradunfall konnte ihn sein Begleiter glücklicherweise noch in die Universitätsklinik zurückschaffen, in der Musway selbst lehrt, sodass seine schwere Kopfverletzung von seinen eigenen Studenten behandelt wurde. Musways Fazit: „Hätten sie ihre Prüfungen mithilfe von Bestechung bestanden, wäre ich heute vielleicht schon tot."

Korruption hat tiefe Auswirkungen auf unser Leben, selbst wenn scheinbar kein aktiver Beitrag zur Bestechung geleistet wurde. Sie trifft das Gemeinwesen mit gravierenden Folgen und blockiert Entwicklung und schadet den Ärmsten der Armen. Sie bremst wirtschaftliches Wachstum – die Weltbank sieht in ihr das größte Hindernis für die globale Entwicklung. Das Befolgen von Asteya in Gedanken, Wort und Taten könnte diesen Planeten also entscheidend voranbringen.

Kann irgendetwas Positives aus Korruption entstehen? Es scheint kaum denkbar, aber ein Beispiel wäre der Geschäftsmann Oskar Schindler. In dessen Umfeld wurden im Zweiten Weltkrieg Nazis bestochen, um Juden vor dem sicheren Tod zu erretten. Es gab wenig Alternativen in diesen dunklen Zeiten.

In der Bewertung von Asteya sollte daher nicht voreilig beurteilt werden, was scheinbar gut und schlecht ist. Die innere Einstellung des Handelnden und die äußere Situation sind wichtig und nicht von der eigentlichen Tat zu trennen. Asteya bietet zusätzlich eine großartige Gelegenheit, Nichtanhaftung und Nichtanhäufung in den Alltag zu integrieren.

Sich selbst und andere schützen

Selbstverantwortung für das Nicht-Stehlen hört nicht bei uns selber auf, sondern erstreckt sich ebenso auf andere. Wenn Gelegenheit Diebe macht, darf keine Gelegenheit zum Diebstahl gegeben werden. Menschen werden geschützt, wenn Vorkehrungen getroffen werden, um Verbrechen zu vermeiden.

Während eines Meditationsretreats in einem thailändischen Kloster bemerkte ich erstaunt, dass selbst tagsüber die Tür des Tempels verschlossen wurde. Der Tempel war ein Ort der Ruhe und Besinnung und voller kostbarer buddhistischer Reliquien und Buddha-Statuen. Sollte ein solcher Platz nicht jederzeit jedermann offen stehen?

Wie ich erfuhr, wollten die Mönche niemanden verleiten, in den Tempel einzubrechen. Gestohlene Gegenstände müssen ersetzt werden, was ein Kloster, das sich auf Spendenbasis trägt, überfordern kann. Durch vorsichtiges Handeln werden auf diese Weise das Kloster wie auch potenzielle Einbrecher vor schlimmen Folgen bewahrt.

Mitgefühl für einen Dieb zu entwickeln kann schwer fallen – insbesondere wenn man selber der Bestohlene ist. Vor einigen Jahren wurde nachts in mein Büro eingebrochen, die Scheibe eingeschlagen und mehrere Computer entwendet. Der Einbrecher verletzte sich und seine Blutspuren waren überall zu sehen. Viel Aufwand und Ärger mit Reinigung, Vermieter, Polizei, Versicherung folgte – nichts, was ich zu meiner täglichen Arbeit zusätzlich gebraucht hätte. Meine Kollegen waren äußerst wütend. Sie gönnten dem Dieb, sich so schwer verletzt zu haben; in meiner Frustration stimmte ich dem zu. Ich vergaß, dass der Dieb trotz allem ein Mitmensch war – vielleicht ein Junkie, der für den nächsten Schuss schnell Geld brauchte und sich in seiner Unerfahrenheit beim Einbruch verletzte. Hätte eine sichtbare Alarmanlage das alles – Frust, Ärger, Verletzung, eventuelle Bestrafung – vielleicht verhindern können?

Swami Chetanananda erzählt in dem Buch *Meditation und ihre Methoden nach Vivekananda* die kleine Geschichte eines Yogis namens Pavrahi Baba. Ein Dieb kommt in dessen Ashram, um zu stehlen. Beim Anblick des Weisen erfasst den Dieb große Furcht und er läuft davon. In seinem Schrecken lässt er seine Beute einfach liegen.

Pavrahi Baba nimmt das Bündel mit dem gestohlenen Diebesgut, rennt dem Dieb nach und holt ihn nach mehreren Kilometern anstrengenden Laufens ein. Der Weise legt das Bündel dem Dieb zu Füßen, und bittet ihn mit Tränen in den Augen und mit gefalteten Händen um Vergebung, weil er ihn bei der Tat überrascht hatte. Er bittet ihn inniglich, die gestohlenen Gegenstände zurückzunehmen, da sie dem Dieb und nicht ihm selbst gehörten.

89

Diese Geschichte verdeutlicht die Erkenntnis eines Yogis, dass alle materiellen Dinge nicht ihm gehören. Er kann nichts davon in sein nächstes Leben mitnehmen und weiß um die Vergänglichkeit der Dinge. Alles um ihn herum gehört allen und gleichzeitig niemandem. Er nutzt die Dinge, die ihm das Leben bietet, ohne sich dauerhaft an sie binden zu wollen.

Ist diese Geschichte beispielhaft für unsere Gesellschaft und die heutige Zeit? Wird sich der Dieb von einem Saulus zum Paulus transformieren? Wird er sein Leben zum Positiven hin wenden und sein kriminelles Gewerbe aufgeben?

Würde ich mit meinem Auto einem Dieb hinterherfahren, der gerade versucht hat, den Wagen zu stehlen? Würde ich ihm meine Wagenschlüssel geben, damit er fortfahren kann?

Zusammenfassung

* Stehlen bezieht sich nicht einzig auf schwere Straftaten wie beispielsweise Autodiebstahl oder Bankeinbruch. Im Alltag wird es durch das Wegnehmen eher kleiner und subtiler Dinge bemerkbar (zum Beispiel ausgeliehene Gegenstände nicht wieder rechtzeitig zurückbringen; jemandem Zeit, Ideen und Gedanken stehlen etc.). Es gibt keine Unterscheidung zwischen sogenannten Kavaliersdelikten oder schwerem Diebstahl, da aus der Sicht des Yogas die innere Haltung des Stehlens bedeutsam ist, egal ob in schwacher oder starker Ausprägung.

* Das Gefühl des Mangels oder der Unterlegenheit im Vergleich zu anderen Menschen fördert die Tendenz des Stehlens.

* Korruption und Bestechung führen zu weitreichendem Diebstahl am Gemeinwesen und werden daher abgelehnt.

* Wichtig ist, die eigenen Besitztümer (ohne Anhaftung) zu schützen, um andere Menschen nicht in Versuchung zu führen.

Brahmacharya – Sinnliches Maßhalten

Fest verankert in (sinnlicher) Zurückhaltung und Mäßigung, durchfließt den Menschen eine sehr kraftvolle, große Energie.

YOGA-SUTRAS, KAP. 2, V. 38

Im wörtlichen Sinn bedeutet *Brahmacharya Wandeln im Gottesbe-wusstsein.* Nach Desikachar setzt sich der Name dieses Yamas zusam-men aus der Wurzel *car,* was soviel bedeutet wie *bewegen* und dem Wort *Brahma, übersetzt als die Wahrheit, das Eine Wahre, das Wesent-liche.* Die allumfassende Schöpfung, das All-Eins-Sein, was Fülle bleibt, auch wenn etwas von der Fülle genommen wird, wird Brah-man genannt. Im Menschen finden wir einen Splitter dieses Allum-fassenden als individuelle Seele (Atman). Ein Brahmacharya ist dem-nach zuerst jemand, der im „Gottesbewusstsein wandelt" und im Einklang mit einem höheren Bewusstsein lebt. Er denkt und handelt hingebungsvoll und stets in einem nicht-dualen Bewusstsein und ist vollständig fokussiert auf das Erlangen der Höchsten Wahrheit.

Das Wort *Brahmacharya* wird ebenso mit sinnlicher Mäßigung, sexueller Abstinenz, Keuschheit, Zölibat, Vermeidung von sexuellem Fehlverhalten oder Enthaltsamkeit im Allgemeinen assoziiert, doch dies trifft nur einen Teil der Bedeutung dieser Empfehlung. Voll-ständige Entsagung ist nicht das eigentliche Ziel. Angestrebt wird, die eigenen Sinne so kontrollieren zu lernen, dass tiefere Schich-ten des inneren Bewusstseins erreicht werden. Im äußeren Leben bedeutet sinnliches Maßhalten, nur solche Handlungen zu wählen und auszuführen, die dem Erreichen des höchsten Zieles im Leben, der Befreiung, dienen. Ein solcher Bewusstseinszustand ist mög-lich, wenn die Gedanken frei von allen sinnlichen Begierden sind, einschließlich des sexuellen Grundbedürfnisses. Dieser Antrieb ist sehr kraftvoll und kann überwältigend wirken, wenn dessen Energie nicht bewusst eingesetzt wird. Die Sublimierung solcher Energie soll zu hoher Vitalität und Kraft führen.

Vermutlich ist Brahmacharya die am kontroversesten diskutierte yogische Lebensempfehlung. Im vierten Yama treffen das höchste Ziel im Yoga *Moksha,* die Befreiung von der Dualität, und *Kama* als Wunscherfüllung und Sinneslust, aufeinander. Daraus ergibt sich hohes Reibungspotenzial für spirituell Suchende, insbesondere wenn er oder sie in der westlichen Welt lebt.

Eine voreilige Beurteilung, ob die sexuelle Enthaltsamkeit oder die Abkehr von weltlichen Zerstreuungen für die spirituelle Entwicklung „gut" oder „schlecht" ist, sollte meines Erachtens nicht getroffen werden. Spirituelle Entwicklung variiert von Individuum zu Individuum, ist abhängig von der Freude und vom Spaß an Veränderung, von eigener Entschlusskraft, vom Lebensalter und den Umständen, in denen jemand lebt. Jeder darf nach seiner Fasson selig werden. Zärtlichkeit, Sinnlichkeit, Sexualität und Erotik gehören zum menschlichen Leben und können es sehr bereichern. Eine harsche Auslegung von Brahmacharya mag Menschen vom Yoga-Weg abschrecken, womit niemandem gedient ist. Es geht bei der sinnlichen Mäßigung nicht um die Unterdrückung von Gefühlen, sondern um verantwortungsvolles Handeln mit der eigenen Lebensenergie und um den respektvollen Umgang mit seinen Mitmenschen. Brahmacharya beschreibt auch einen Mittelweg, mit dem Sinnesfreuden gelebt werden können. Bedürfnisse sollen im Sinne von *Befrieden* genossen werden und nicht im Sinne energiezehrender *Befriedigung.*

Wir wollen dies nun anhand verschiedener Facetten untersuchen.

Der enthaltsame Aspekt von Brahmacharya ist im Westen umstritten und kann Angst hervorrufen. Das Zölibat erweckt bei vielen Menschen den Anschein, dass der gewollte Verzicht auf Sexualität mit schweren Opfern verbunden ist. Es besteht die Befürchtung, dass Enthaltsamkeit vom Leben entfremdet und Freudlosigkeit entsteht. Puritanische Verteufelung sowie Verdammung von Sexualität und Sinnesfreuden sind ebenfalls nicht zeitgemäß – sie bergen auch eine moralische Ablehnung (Dvesha) in sich, die der Yoga überwinden will.

Sexualität ist essenzieller Teil des Lebens und gehört zu den vier Grundantrieben des Menschen. Durch den Orgasmus wird in der Sexualität für kurze Zeit die Dualität, in der wir leben, aufgehoben. Bei Pflanzen und Tieren wird Fortpflanzung durch natürliche Rhythmen gelebt. Der Mensch dagegen besitzt die Freiheit und die

93

Gestaltungsmöglichkeiten, dieses Grundbedürfnis vielfältig zu befriedigen oder diesem völlig zu entsagen.

Menschen besitzen zahlreiche Wünsche, doch die Sehnsucht nach einem auch im sexuellen Bereich erfüllten Leben ist in unserem Denken und Verhalten eine tiefsitzende Antriebsfeder. Der gesamte Intellekt, die Sinne und Energie werden oftmals komplett auf die Erreichung dieses Zieles ausgerichtet. Dies hat evolutionäre und biologische Gründe, denn Fortpflanzung bedeutet Arterhaltung. Ohne diesen Instinkt würde jede Spezies in kurzer Zeit aussterben. Deswegen hat die Natur diesen Verhaltensantrieb als einen der vier Grundantriebe sehr stark in der menschlichen Psyche verankert.

Diese vier Bedürfnisse sind kraftvolle Motoren für wechselnde Gedanken und Emotionen. Unsere Sinneswahrnehmungen sowie unser Erinnerungsvermögen (Chitta) versorgen diese Motoren mit Treibstoff. Das bringt flott in Fahrt und wirkt motivierend und anregend. Aus der Sicht des Yogas können damit aber gleichzeitig erhebliche Störmanöver für den Geist heraufbeschworen werden. Sinnliches Verlangen und sinnliche Freuden lenken die Aufmerksamkeit nach außen. Der Kontakt zum eigentlichen Wesenskern verliert sich und Zufriedenheit und Erfüllung werden in der materiellen Welt gesucht, wo beide nicht zu finden sind.

Sexuelles Verlangen ist eine mächtige Energie, die bei nicht respektvollem und unverantwortlichem Umfang stressvoll für uns selbst und unsere Mitmenschen sein kann. Das Stichwort lautet sanfte Regulierung wie auch Kontrolle – und nicht rigide Unterdrückung, die nur weitere Spannungen im Geist hervorruft (beispielsweise ständiges Denken an Essen, Sexualität, Vergnügungen etc.).

Sinnliche Überaktivität im weitesten Sinne (also nicht nur Sexualität allein) führt also zu Zersplitterung und Schwächung eigener Lebensenergie. Zur Vermeidung empfiehlt der Yoga, die Sinneskräfte zu zügeln und zielgerichtet und organisiert einzusetzen, um zu mehr innerer Ruhe und Ausgeglichenheit zu gelangen. Sexuelles Handeln wird im Yoga nicht verdammt, sondern zur Energiebewahrung wird ein moderater Umgang empfohlen. In einer Beziehung kann sich dies in Treue zu einem Partner ausdrücken.

Sexualität ist ein sehr intimes Geschehen und kann uns die schönsten und schwierigsten Momente bescheren. Zuweilen beherrscht sie alle mentalen Kräfte vollständig. Leidenschaft kann Leiden schaffen, und Lust und Begierde bereiten den Boden für schädliche Gewohnheiten, die aus yogischer Sicht der wichtigste Grund für Beschwerden und Schwächen, für Unwissenheit und Täuschung sind.

Eine Form der Täuschung sind die intensiven Gefühle, die wir aufgrund von Sexualität und Verliebtheit erleben – und die oftmals nur von kurzer Dauer sind. Zuneigung verändert sich häufig, je länger die Beziehung andauert. Mit den körperlichen Veränderungen im Alterungsprozess verliert der Partner die körperliche Attraktivität. Anstatt die inneren Werte zu erkennen, wird oft nur das einstige Objekt der Begierde gesehen, dessen Anziehungskraft immer mehr erlischt.

Schönheit und Hässlichkeit sind Imaginationen des betrachtenden Geistes, die abhängig sind von der Kultur und der Gesellschaft, an denen wir uns orientieren. Wenn man sich alte Fotos anschaut, wird oft mit Verblüffung registriert, welche Mode und Frisuren damals getragen wurden. Was vor 20 Jahren hip und trendy war, erscheint nun altbacken und verschroben. Was vor 500 oder mehr Jahren modern war, mag heute unvorstellbar erscheinen.

Individuelle Meinungen über gutes Aussehen gehen weit auseinander, und sagen nichts über die beurteilte Person aus, sondern etwas über die eigenen Konzepte von Attraktivität und Ablehnung. „Schönheit liegt im Auge des Betrachters" – Schönheit ist relativ. Der Zeitgeist bestimmt das eigene Weltbild und flüchtige Illusionen bilden scheinbar objektive Realität.

Nur einen winzigen Millimeter unter der Haut befindet sich ein Sammelsurium von Fleisch, Blut, Schleim, Knochen, Bindegewebe und Ähnlichem. Nach gängigen Idealen bietet dies keinen schönen Anblick. In Wirklichkeit bildet der Körper nur die äußere Hülle des Menschen, zusammengesetzt aus den fünf Elementen von Wasser, Feuer, Erde, Luft und Raum. Das wechselnde Mischungsverhältnis dieser Komponenten bestimmt das momentane Aussehen. Während der Geist scheinbar jung bleibt, unterliegt der Körper einem fortschreitenden Verfall bis zum Tode. Eltern, Freunde, Bekannte, Nachbarn und Prominente sterben ständig um uns herum. Obwohl mitten im Leben vom Tode umgeben, wollen wir nicht wahrhaben, dass uns ebenfalls dieser finale Zeitpunkt bevorsteht. Abends gehen wir im festen Glauben schlafen, am nächsten Morgen wieder aufzuwachen. Diese Gewissheit ist trügerisch und gehört zu den Verdrängungen und Täuschungen, denen wir permanent unterliegen. Solche Illusionen und diese Unwissenheit wollen Yogis durch die Praxis von Brahmacharya beseitigen.

Viele spirituelle Traditionen haben sich mit der Attraktivität des jeweilig anderen Geschlechts eingehend beschäftigt. Wenn bei der Durchsicht dieser Literatur der Eindruck entstehen mag, dass Frauen immer die Verführerinnen sind, die die Männer vom rechten Pfad abbringen, trifft dies nicht den Kern dieser in diesen Schriften getroffenen Aussage. Das Mönchstum war durch die Jahrtausende weiter verbreitet als die Nonnenschaft. So beschäftigen sich spirituelle Quellen mehr mit der Attraktivität von Frauen für Männer als umgekehrt. Swami Sivananda folgt beispielsweise in seinem Buch *Practice of Brahmacharya* zu weiten Teilen auch dieser Ansicht, betont dennoch öfter, dass Männer für Frauen ebenfalls eine große Quelle der Ablenkung darstellen. Ein weiterer Grund könnte sein, dass die Lehrer und Autoren der Vergangenheit nahezu ausschließlich Männer waren.

Jeden Mann und jede Frau als individuelle menschliche Seele in unterschiedlicher Verkleidung und Rolle zu erkennen und nicht instinktiv als möglichen Sexpartner einzustufen, ist eine interessante und schwierige spirituelle Übungspraxis in Brahmacharya. Für einen Menschen mit fester Verankerung in Brahman gibt es keinen geschlechtlichen Unterschied. Es macht keinen Unterschied, ob eine Frau, ein Mann oder irgendein Gegenstand berührt wird. In allem und jedem erblickt der Yogi nur die unter allem liegende, unsterbliche Natur Brahmans.

Ein Ziel im Yoga ist das direkte Erleben der Vereinigung von individueller und kosmischer Seele. Erfahrungen, die aufgrund der Sinne und unserer Bewertungen gemacht werden, gelten als temporär. Sie zeigen die flüchtige Natur der äußeren Welt und spiegeln nicht die dahinterliegende, ewige Wirklichkeit wider. Sadhana, die spirituelle Übungspraxis, hilft diese Unwissenheit (Avidya) zu überwinden.

Sexuelle Energie im Yoga – Ojas

Yoga strebt ganzheitliche Gesundheit an. Wenn Sexualität einen der vier Grundinstinkte darstellt, besitzt sie enormen Einfluss auf das Wohlbefinden und auf die menschliche Entwicklung. In der taoistischen wie auch in der tantrischen Philosophie kostet der sexuelle Akt wertvolle Lebensenergie (Prana). Ein Teil dieser Energie steuert Ausscheidung und Sexualität: Und in diesem schöpferischen Aspekt drückt sie sich auf vielerlei Weise aus, wie zum Beispiel in der Schaffung neuen Lebens oder in der Umwandlung in spirituelle Energie. Letztere wird in großer Menge benötigt, um höhere Bewusstseinsebenen zu erreichen.

Das Erhalten dieser sexuellen Energie sowie spezielle Übungen führen zur Umwandlung in Ojas, die spirituelle Energie. Dem Zurückhalten von Ojas wird immense Bedeutung für Gesundheit und spirituelle Entwicklung zugeschrieben. Es zu bilden bedarf großen Aufwandes. Swami Sivananda schreibt, dass Samen die Quintessenz von Blut sind und dass zur Bildung eines Tropfen Samens vierzig Tropfen Blut notwendig seien.

Wie geschieht dies? Aus ayurvedischer Sicht ist Fortpflanzung eine Funktion des reproduktiven Gewebes. Durch sie wird neues Leben hervorgebracht. *Samen* ist hier Synonym für den Samen des Mannes oder den Eierstock der Frau bzw. gilt generell für alle flüssigen Substanzen, die mit der Fortpflanzung zusammenhängen. Diese Reproduktionsflüssigkeit wird Sukra genannt. Vorhandener Mangel bewirkt allgemein fehlende Kreativität im Leben und speziell Impotenz und Unfruchtbarkeit. Kraft, Energie und Stabilität für den gesamten Körper sowie die Aufrechterhaltung einer starken

Abwehrfunktion sind ihre Eigenschaften. Das Wort *Sukra* bedeutet übersetzt *Samen* und *leuchtend* und ist in der Sprache des Sanskrit ebenfalls die Bezeichnung für den Planeten Venus. Dieses Gewebe soll auch als Inspiration für die Seele und als Basis für das Augenlicht dienen. Sukra ist das letzte Gewebe in der Produktion der sieben Dhatus (der Gewebe) des Ayurveda.

Ojas ist die Essenz reproduktiver Flüssigkeit. Der bekannte Ayurveda-Arzt Subash Ranade beschreibt sie als Endprodukt von Nahrung und Verdauung sowie als bedeutendste Energiereserve des gesamten Körpers. Wörtlich übersetzt bedeutet Ojas *Lebenskraft* und enthält keine fassbare Substanz. Alle Bereiche des Körpers durchdringend gibt sie ihm Stabilität und Stütze. Wenn Ojas zerstört wird, führt dies zum Tod. Nur solange es ausreichend vorhanden ist, bleibt man gesund. Wo im Körper Mangel an Ojas herrscht, entstehen an diesen Stellen Krankheiten. Ärger, Hunger, ständige Sorgen, Kummer, Furchtsamkeit und Überarbeitung verringern diese feinstoffliche Energie.

Weitere reduzierende Faktoren sind:

* übertriebene und unnatürliche sexuelle Aktivität,
* Drogen und Aufputschmittel,
* Stress, Unruhe, Angst,
* minderwertige Nahrungsmittel,
* die Verschmutzung der Umwelt,
* nicht rechtschaffener Lebensstil,
* unnatürliche Umgebung.

Energie- und Kraftlosigkeit und schleichende chronische Krankheiten werden auf vermindertes Ojas zurückgeführt. Spezifische Nahrung und Kräuter, aber auch Meditation oder Pranayama sind für die Gesundheit förderlich. Bestimmte Mantras und sexuelle Beschränkung steigern Ojas ebenso wie positive Grundhaltungen von Frieden, Liebe, Mitgefühl und Zufriedenheit.

Brahmacharya in verschiedenen Lebensphasen

Yamas und Niyamas erlangen in unterschiedlichen Lebensphasen unterschiedliche Bedeutung, da Sexualität sich zwischen Kindes- und Rentenalter sehr differenziert entwickelt. Für einen jungen Menschen bedeutet beispielsweise erwachende Sexualität etwas anderes als die reifere Sexualität für einen älteren Menschen.

Brahmacharya ist nicht nur eines der fünf Yamas, sondern in der indischen Philosophie wurde auch ein bestimmter Lebensabschnitt als Brahmacharya bezeichnet. Das klassische indische Modell der vier Lebensphasen (Ashramas) sah einst wie folgt aus:

Abbildung 10:
Die vier Ashramas – Das klassische indische Lebensphasenmodell

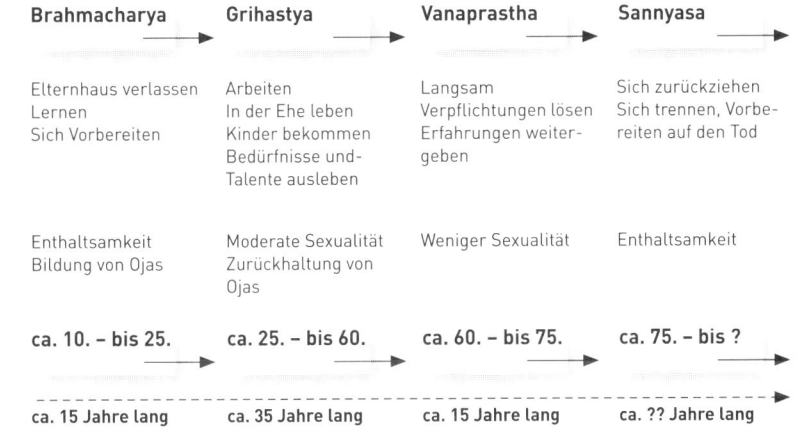

Brahmacharya	Grihastya	Vanaprastha	Sannyasa
Elternhaus verlassen Lernen Sich Vorbereiten	Arbeiten In der Ehe leben Kinder bekommen Bedürfnisse und- Talente ausleben	Langsam Verpflichtungen lösen Erfahrungen weiter- geben	Sich zurückziehen Sich trennen, Vorbe- reiten auf den Tod
Enthaltsamkeit Bildung von Ojas	Moderate Sexualität Zurückhaltung von Ojas	Weniger Sexualität	Enthaltsamkeit
ca. 10. – bis 25.	**ca. 25. – bis 60.**	**ca. 60. – bis 75.**	**ca. 75. – bis ?**
ca. 15 Jahre lang	ca. 35 Jahre lang	ca. 15 Jahre lang	ca. ?? Jahre lang

1. Etwa 10. bis 25. Lebensjahr – Brahmacharya als „Kind, Schüler, Student"

In diesem ersten Ashrama verließ der Schüler die vertraute Umgebung und Familie, um bei einem Lehrer zu leben und zu lernen. Er durchlief eine Art von Lehre, die ihn zu Beruf und Berufung hinführte. Gleichzeitig erhielt er spirituelle Unterweisung. Sexualität spielte noch keine Rolle für den Schüler. Er lebte enthaltsam und sammelte dadurch Ojas, die spirituelle Energie.

99

2. Etwa 25. bis 60. Lebensjahr – Grihastya (eigener Haushalt)
In dem zweiten Lebensabschnitt begann das Berufs, Arbeits- und
Eheleben. Durch das aktive Leben von Sexualität wuchs die Familie,
für deren Lebensunterhalt gesorgt werden musste. Der berufliche
Weg und die Familie beanspruchten viel Zeit, sodass weniger Zeit
für spirituelle Praktiken vorhanden war. So gewannen die Yamas,
die die Beziehungen mit dem Partner, der Familie und der weiteren
Umgebung harmonisierten, eine größere Bedeutung.

3. Etwa 60. bis 75. Lebensjahr – Vanaprastha (Rückzug)
Die Kinder gingen aus dem Haus, das Berufsleben endete langsam
und der Übergang in den Ruhestand nahte. Die Verantwortlichkei-
ten für das eigene Unternehmen, für Haus und Hof wurden nach
und nach an die Kinder oder Nachfolger übertragen. Gewonnene
Lebenserfahrung ließ den Menschen ruhiger und abgeklärter werden. Die emotionale und körperliche Lösung von den Kindern und
dem Ehepartner begann, um für den weiteren Lebensweg den kompletten Rückzug einzuleiten. Die vermehrte Beschäftigung beispielsweise mit den Niyamas konnte die Reise nach innen unterstützen.

4. Etwa 75. Jahr bis zum Lebensende – Sannyasa (Entsagung)
Nun erfolgte die geistige Vorbereitung auf den Tod und die voll-
ständige innere und äußere Lösung von der Welt. Der Vergangenheit wurde nicht nachgetrauert. In den früheren Lebensabschnitten
stillte man verschiedene Bedürfnisse und erfüllte seine Verpflichtungen. Die Dualität und die Illusionen der Welt wurden erkannt. Mit
den gewonnenen Erkenntnissen begann die Reise, den inneren Wesenskern Atman zu entdecken.

Was ist das Gemeinsame, das sich wie ein roter Faden durch die vier
Lebensphasen zog? Es war die willentliche Kontrolle der Lebensenergie und die kontinuierliche Übung der inneren Entsagung. Ein
Sannyasin begann nicht erst mit dem Eintritt ins vierte Ashrama
plötzlich allen Dingen und dem Verlangen zu entsagen. Es bedurfte
langer Vorbereitung und Übungspraxis dazu. Auch sein Leben als

Grihastya sollte er mit der innerlichen Haltung eines Sannyasins führen, egal um welche Sinnesfreuden es sich handelt. Der *Haushälter* benötigt Besitztümer und Anschaffungen. Dennoch sollte er sich vorbereiten, alles zu jeder Zeit hinter sich zu lassen.

Sexualität ist nach dem klassischen Yoga-Verständnis auch dem geheiligten, würdevollen und respektvollen Zeugungsakt vorbehalten. In diesem Sinne ist Brahmacharya ein Zurückhalten vitaler Energie, da Sexualität in moderater Weise für einen höheren Zweck ausgeübt wird. In Vanaprastha verstärkt sich dieses noch, sodass der Übende in das Stadium von Sannyasa gut vorbereitet eintritt.

Zusammenfassung

- Brahmacharya stellt das Zölibat nicht höher als das Wirken eines Menschen, der in häuslicher Gemeinschaft lebt. Ehe, Familie und das verantwortungsvolle Ausleben von Sexualität sind ein selbstverständlicher und anerkannter Teil des Lebens. Viele Yogameister waren zeitweilig verheiratet und hatten Kinder (zum Beispiel Sri Yukteswar, der Lehrer von Yogananda).

- Unterdrückung und Verdammung von sinnlichen Erfahrungen ist nicht Bestandteil von Brahmacharya. Es geht eher um einen moderaten und kontrollierten Umgang mit Essen, Unterhaltung, Arbeit, Schlaf usw., sodass unsere Energie sich nicht vorzeitig erschöpft.

- Sexualität ist nur ein Teilaspekt in der Deutung dieses Yamas. In der Essenz geht es um die Regulierung der Sinne, die leicht umherschweifen und den Blick auf das Wesentliche (Brahman) verlieren, sowie um die Erhaltung des eigenen Energiepotenzials.

- Mit der Ausrichtung auf das Göttliche, ohne Vernachlässigung häuslicher und familiärer Verpflichtungen sowie mit einer inneren Haltung der Ungebundenheit und des Loslassens bildet sich ein Spannungsfeld, in dem ein spirituell Suchender seinen Mittelweg findet.

101

Aparigraha – Anspruchslosigkeit

*Fest verankert in der Abwesenheit von Gier nach Besitztümern,
entfaltet sich das Wissen, wie und warum man geboren ist.*

YOGA-SUTRAS, KAP. 2, V. 39

Aparigraha ist das letzte der fünf Yamas. Diese Lebensempfehlung verbindet sich in der Übersetzung aus *a (Nicht-), pari (Dinge),* und *graha (Ergreifen)* zum Nicht-Zugreifen oder Nicht-Nehmen. Dies bedeutet, genau das für uns Angemessene anzunehmen oder zu besitzen, ohne andere Menschen auszubeuten und zu verletzen. Mit Begierdelosigkeit und Genügsamkeit lässt sich diese innere Haltung weiter ausführen.

Die Erfüllung existenzieller Grundbedürfnisse wie Nahrung, Kleidung, Wohnraum etc. ist in Deutschland für breite Bevölkerungsschichten selbstverständlich. Die Gesellschaft ist auf zusätzlichen Konsum ausgerichtet. Ständiges Kaufen erfordert die Produktion neuer Dinge, und Werbung suggeriert, dass wir jung, attraktiv, lebensbejahend und voll guter Laune sind, wenn nur dieses eine Produkt – nämlich das Beworbene – unser Eigentum würde.

Werbung gaukelt Dinge vor, die oft an der Wirklichkeit vorbeigehen. Ich entwickle keine individuelle Persönlichkeit durch den Kauf von Massenprodukten, obwohl die Werbebotschaften mir dies stetig einreden. Der neue Wagen der Marke XY führt nicht automatisch zu einer potenziellen Partnerin, selbst wenn mich im Werbespot eine verführerische Frau von der Kühlerhaube aus anschmachtet. Ich werde nicht Mitglied der High Society, wenn ich Sekt von Müller & Meier trinke. Ich finde mich nicht an einem tropischen Strand mit supersexy Tänzerinnen wieder, wenn ich einen coolen Drink einer angesagten Marke schlürfe. Gekauft wird, um den eigenen Selbstwert zu erhöhen, und weil dieses positive Gefühl nicht lange vorhält, kaufe ich wieder die Marke XY. Erich Fromm überspitzte diesen Zusammenhang mit folgender Formel: „Ich bin, was ich habe und was ich konsumiere." Mit dieser inneren Haltung werden ständig neue Illusionen und Phantasien genährt, die nachhaltig den Eindruck erzeugen sollen, dass das Leben durch Konsum von materiellen Dingen mehr Sinn macht oder wir dadurch mehr Vergnügen erfahren.

Aber machen wir uns nichts vor, denn es heißt ja so schön: „Das letzte Hemd hat keine Taschen." Im Tode wird nichts mitgenommen. Mit leeren Händen kommen wir in diese Welt und genauso werden wir sie verlassen. Stattdessen verliert man sich in Ängsten, die behüteten Objekte zu verlieren. (Schließlich haben diese viel Geld gekostet, und Fehlkäufe werden ungern zugegeben). Gleichzeitig entsteht die Furcht, sehnlich gewünschte Dinge nicht zu bekommen.

In der Konsequenz werden dadurch Gegenstände angehäuft, die als Ramsch und überflüssigen Plunder in Kleiderschränken, Schubladen, Dachböden und Kellern landen. Platzraubende Lagerhaltung kostet Aufwand, Anstrengung und Energie in Form von Umräumen, Saubermachen, Instandhalten usw. Wir bringen es einfach nicht übers Herz, etwas wegzuwerfen. Unnütze Dinge stellen eine belastende Stressquelle dar, die knappe Ressourcen wie Zeit und Raum vermindern. Letztere werden zu kostbaren Gütern und oft schmerzlich vermisst. Es ist weniger Zeit vorhanden, den eigenen Interessen nachzugehen und weniger Raum für Bewegungsfreiheit, da wir uns immer mehr zufüllen und zumüllen.

Fragen zur Übung von Aparigraha können daher folgende sein:

- Brauche ich „es" tatsächlich?
- Was fehlt mir wirklich?
- Was kann ich loslassen?
- Lenke ich von meinen wirklichen Gefühlen ab (Trauer, Zorn, Schmerz, Einsamkeit)?
- Muss „es" unbedingt sein? Muss „es" jetzt sein?
- Wie lange wird „es" mir Freude machen?
- Habe ich die Zeit und den Raum, um mich darum zu kümmern?
- Wann werde ich „es" nicht mehr brauchen?
- Was mache ich anschließend damit?
- Nehme ich jemanden etwas weg? Verletze ich jemanden?
- Will ich mir jemanden gewogen machen?
- Will ich mich oder jemand anderen beeindrucken?

Was die eigene Persönlichkeitsentwicklung weiterbringt (zum Beispiel berufliche wie spirituelle Aus- und Weiterbildung) und dem Wohl des Planeten dient (zum Beispiel Spenden, Entwicklungs- und

Selbsthilfeprojekte, Minikredite), ist es wert, dass wir darin investieren.

Der tiefere Sinn von Aparigraha liegt in der Erkenntnis, dass fortwährender Konsum in Wirklichkeit nicht automatisch unser Wohlbefinden erhöht. Viele Aspekte des Kaufverhaltens im Rahmen der Globalisierung machen manche Menschen sogar kränker und ärmer. Ein Beispiel: Deutschland ist der viertgrößte Fleischexporteur der Welt. In schlichten Zahlen: Jedes Jahr werden etwa 3 Millionen Rinder, 60 Millionen Schweine und 600 Millionen Hühner geschlachtet. Damit diese enormen Fleischmengen produziert werden können, ist unter anderem eine sehr eiweißreiche Tiernahrung erforderlich. Zumeist gentechnisch verändertes Soja in Monokultur macht es möglich, diesem Bedarf nachzukommen. Darüber hinaus wird eine Agrarchemie eingesetzt, die alles andere Leben auf den riesigen Sojafeldern beeinträchtigt und vernichtet. Die Böden verarmen und die Menschen werden krank. Dies hat zur Folge, dass die Bauern in Südamerika, die zusätzlich noch unter der Ausbeutung und Enteignung durch Großeigentümer und Sojaproduzenten zu leiden haben, ihre Existenz verlieren. Daraus folgen wiederum zunehmend Protest und soziale Unruhen.

Unser Konsumverhalten führt also in den betroffenen Ländern zu einer dramatischen Überlebenskrise.[26]

Das Festhalten an Materiellem bedeutet Stagnation: Weniger ist manchmal mehr. So erhält man dann mehr Zeit, um herauszufinden, warum man geboren wurde: Das heißt, wir erforschen den Sinn unseres Lebens. Wenn der Weg nach innen geht, geht die Orientierung hin zu Aparigraha; wenn wir uns der äußeren Welt zuwenden, richten wir unser Streben an Vergänglichem und Materiellem (Parigraha) aus.

Objektbezogene Anzeichen von Parigraha	Zwischenmenschliche Anzeichen von Parigraha
• Wir kümmern uns mehr um ein Objekt aus unserem Besitz als um eines, das jemand anderem gehört. • Wir sind nicht bereit, etwas von dem abzugeben und zu teilen, was wir bereits im Überfluss haben. • Wir leiden, wenn wir einen Gegenstand haben möchten und eventuell nicht bekommen. • Wir erwerben mehr, als wir brauchen können. • Wir werden belastet durch die reine Anzahl unserer Besitztümer. • Wir identifizieren uns mit unseren Besitztümern – während wir sie erlangen, an ihnen festhalten oder ihren Verlust betrauern.	• Wir hängen zu sehr von anderen ab (z. B. von deren Besitztümern). • Wir erwarten Gefälligkeiten im Gegenzug, wenn wir anderen etwas geben (z. B. Empfehlungen, Geschenke). • Wir geben in einer Beziehung mehr, als für uns gut ist (aus Angst vor Verlust). • Wir sind kontrollierend beim gegenseitigen Geben und Nehmen. • Wir steigern unser Selbstwertgefühl, indem wir die Liebe eines anderen Menschen erlangen und besitzen wollen.

„Nutze die Objekte dieser Welt, aber binde dich nicht an sie", sagte der Yogameister Swami Rama. Die Anhaftung an äußere Objekte führt zu innerer Identifizierung, durch die zeitweiliges Glücksgefühl empfunden wird. Wahres Glück stellt sich aber anders dar.

Wichtig ist es eher, die innere Zufriedenheit in uns selbst herzustellen und aufrechtzuerhalten. Ein kompletter Verzicht auf grundlegende Bedürfnisse wie Nahrung, Kleidung, Arbeitsplatz und ein Auskommen wird normalerweise im Yoga nicht gefordert, weil dies ansonsten Unruhe in den Geist bringen würde. Allen Menschen sollte ein Anrecht auf ein Minimum zugebilligt werden: Dieses wird gebraucht und muss gewährleistet sein. Eventuell muss man dafür verhandeln, die Arbeit niederlegen und auf der Straße dafür demonstrieren, aber man sollte wiederum nicht in extreme hohe Ansprüche verfallen. Innere Zufriedenheit ist also nicht von materiellen Lebensumständen oder sinnlicher Befriedigung abhängig. Es ist wichtig, dies sauber zu differenzieren.

Damit finden wir bereits Berührungspunkte zum zweiten Niyama, Santosha, der inneren Zufriedenheit und Dankbarkeit. Yoga stellt sich nicht gegen Fortschritt und materielle Reichtümer. Für viele Menschen und Familien ist es geradezu notwendig, eine gewisse Sicherheit und Freiheit in Form von finanziellen Rücklagen zu besitzen, um in Krisenzeiten darauf zurückgreifen zu können. Nichts zu besitzen bedeutet keineswegs, dass man nicht für seine Zukunft plant oder dass man all seine Besitztümer weggibt, aber man soll nicht daran anhaften. Dies ist der entscheidende Punkt des Übungswegs. Er reflektiert wieder einmal mehr eine innere Grundhaltung als äußeres Verhalten.

Ein Geschäftsmann muss Gewinne erwirtschaften, aus denen er in die Zukunft seiner Firma investieren kann. So können die Mitarbeiter, er selber und seine Familie komfortabel und gesichert leben. Jeder sollte seine Chance nutzen, nach eigenen Vorstellungen das Leben zu gestalten. Wenn der Gewinn aber exorbitante Höhen einnimmt, und das noch auf Kosten der Umwelt und anderer Menschen, gewinnt Aparigraha zusätzlich an Bedeutung. Ein Beispiel ist ein deutsches Bankunternehmen, dessen Geschäftszahlen in 2006 hervorragend ausfielen. Wie in der Zeitung zu lesen war, stieg der Gewinn um 70 % zum Vorjahr auf insgesamt 6 Milliarden Euro. Trotzdem stand dieses Bankhaus in heftiger Kritik, da es zur selben Zeit Tausende von Arbeitsplätzen abbaute. Es geht in diesem Beispiel nicht darum, Feindbilder aufzubauen. Auch die sogenannten „kleinen Leute" legen Geld dort an, wo die meiste Rendite oder Zinsen versprochen werden. Wichtig ist wieder zu erkennen, dass solche Handlungsweisen Konsequenzen beinhalten.

Ökologische und ökonomische Nachhaltigkeit verliert oft zugunsten von schnellem Gewinnstreben. Der letzte Quartalsgewinn eines Unternehmens reicht häufig nicht. Er muss nicht nur wiederholt, sondern sogar übertroffen werden. Manager werden unter Druck gesetzt und üben selbst Druck aus. Viele Mittel sind recht, um Produktion, Konsum und Gewinn weiter anzuheizen. Die finanzielle Weltwirtschaftskrise in den Jahren 2009 und 2010 entstand durch eine Mischung aus unverantwortlichem Konsum- und

Kreditverhalten sowie Spekulationsgeschäften, die jeder realistischen Grundlage entbehrten. Gier scheint also noch mehr Gier hervorzurufen.

Diese wirtschaftlichen Zusammenhänge haben weitreichende Konsequenzen für unseren Planeten – beispielsweise in der Bedrohung durch Klimawandel oder durch verschärfte Spannungen zwischen reichen und armen Ländern. Auch wenn das Wissen um diese Zusammenhänge vorhanden ist, wird nur zögerlich das Notwendige getan, um für nachfolgende Generationen die Erde gesund zu erhalten. Wir müssen erkennen, dass wir nicht alle Dinge auf dieser Welt besitzen können und dass wir oft schon mehr haben als eigentlich nötig ist.

Aber es ist nicht allein das Materielle, das wir gerne festhalten und horten. Gedankliche Bilder, wer wir sind und was wir gerne sein möchten, schaffen ebenfalls Belastungen. In der Pubertät wollte ich beispielsweise Gitarre spielen lernen, um an Lagerfeuern oder auf Partys Eindruck zu machen. In meinen Zwanzigern kaufte ich tatsächlich ein Instrument, nahm einige Lehrstunden, aber meine Bemühungen waren eher halbherzig. Bereits einige Monate später endete mein Musikexperiment, aber die Gitarre blieb und begleitete mich fast 20 Jahre von Umzug zu Umzug in mehreren Städten und durch mehrere Wohnungen, Keller und Speicher. Warum ließ ich nicht los? Weil die Trennung unbewusst schmerzte. Schwer fiel nicht die materielle Trennung von dem Instrument, sondern die Verabschiedung von der Vorstellung, ich sei ein sorgenloser freier und junger Mann, der mit anderen am Feuer sitzt und Eindruck auf Freunde und Frauen macht. Spät befreite ich mich von dieser Phantasie, indem die Gitarre an einen Nachbarn für dessen Sohn verkauft wurde. Mit diesem Schritt ging ich vorwärts in eine reifere Erwachsenenwelt und ließ Altes hinter mir.

Genug ist nicht genug – Die Kraft des „Nein"

Aus der Sicht des Yoga entstammen die eigentlichen Ursachen für Habsucht aus Gefühlen der Anhaftung, Gier sowie aus falschen Gewohnheiten. Letztere beginnen meist ganz harmlos. „Noch ein

Nachschlag zum Essen, bitte eine Eiswaffel mehr, eine weitere Zigarette, ein letzter Schnaps dazu." So nehmen Gewohnheiten in kleinen Schritten ihren Lauf. Vielleicht erst monatlich, dann wöchentlich, zum Schluss durch tägliche Wiederholung bergen diese Verhaltensweisen große Risiken. Sie verselbständigen und verankern sich tief im Unterbewusstsein. Zuerst wird willentlich ein weiterer Schnaps bestellt. Dann passiert dies nach gewisser Zeit mechanisch und unbewusst. Es entsteht ein Gefühl scheinbarer Sicherheit und Kontinuität, doch wir verlieren durch die entstandene Abhängigkeit die Fähigkeit, bewusst eine freie Wahl zu treffen. Letztlich kommt uns der freie Wille abhanden. Diese Art von Verlangen wird unvernünftig, wenn deren Auswirkung langfristig schadet. Die innere Instanz der Unterscheidungsfähigkeit im Yoga (Buddhi) wird geschwächt.

Wenn wir mehr auf das Gewissen hören, dann ist ein großer Schritt zu *Tapas,* dem dritten Niyama der Selbstdisziplin getan:

* Was tut mir gut und was nicht?
* Was brauche ich wirklich und was nicht?
* Was ist für mich auf längere Sicht wirklich förderlich oder eher hinderlich?

Durch das Üben des kleinen Wortes „Nein" können vorhandene Verhaltensschemata verlernt und nützlichere erlernt werden. Weise eingesetzt liegt im „Nein" eine große Kraft. Dieser Aspekt der Selbstdisziplin wird beim Studium der Niyamas intensiver besprochen.

Ohne jemandem zu nahe treten zu wollen, weist menschliches Verhalten zuweilen kindische Muster auf. Ein Kind ist ständig mit kleinen, trivialen Dingen wie Puppen, Bauklötzen, Sandkasten etc. beschäftigt, die es selbst sehr ernst nimmt. Diese Spielsachen gewinnen enorme Wichtigkeit. Das Kind erlebt im Umgang damit Freude, Spaß, Vergnügen, Erfolg, aber auch Versagen, Enttäuschung und Traurigkeit. Wenn Spielzeug kaputt geht, bricht dem Kind fast das Herz. Bekommt es ein neues Spielzeug, ist es wieder glücklich. Über etwas Süßes freut sich das Kind; wenn ihm kein zusätzlicher Keks erlaubt wird, wird es wütend. Es kämpft und verteidigt „seine Spielsachen" gegen andere Kinder mit Worten wie: „Das Spielzeug

gehört mir"; „Ich bin an der Reihe", „Das ist mein Papa, nicht deiner". Erst später entwickelt sich die Eigenschaft des Miteinander-
Teilens. Die kleine Welt eines Kindes ist alles, was es hat und es ver-
bringt seine Zeit mit Menschen und Objekten, die diese Welt füllen.
Es kann keine Welt außerhalb dieser Erfahrung wahrnehmen.
In manchen Aspekten handeln Erwachsene genauso wie Kinder.
Wie bei den Kleinen wird um bedeutende Besitztümer und Schätze
gekämpft in dem Glauben, diese seien wichtig für unser Wohlbefinden. Beim Vergleich des kindlichen Verhaltens mit dem eines
Erwachsenen gibt es oft keinen Unterschied. Die „Großen" besitzen nur größere und teurere Spielzeuge. Ebenso wie Kinder pflegen
Erwachsene ein Gefühl für Besitztümer. Je nachdem wie erfolgreich
sie damit umgehen, erfahren sie Freude oder Schmerz. Hohe Konzentration wird aufgebaut in der Anstrengung, weiteres Eigentum
zu erlangen und gegen Verlust zu verteidigen. Durch Anhaftung
(Raga) oder Ablehnung (Dvesha) wird die Welt jenseits dieses einge-
schränkten Horizonts, nämlich die ultimative höchste Wahrheit des
All-Eins-Seins, nicht gesehen. Aparigraha empfiehlt, dieses kindli-
che Verhaltensmuster zu prüfen und unser Verhalten mit Blick auf
eine Bewusstseinserweiterung entsprechend anzupassen.

Unabhängigkeit und Geschenke

Swami Vivekananda betont einen zusätzlichen Aspekt des „Nicht-
Annehmens": Geschenke annehmen bedeutet, dass der Nehmer
seine Freiheit und Neutralität verliert. Es macht ihn abhängig und
anfällig, zukünftig weitere Geschenke bzw. Belohnungen anzunehmen und nicht für sich selber zu sorgen. Man fühlt sich dem Schen-
kenden gegenüber verpflichtet, weil man etwas Schönes und Nütz-
liches erhalten hat. Dieses entstehende Ungleichgewicht kann sich
mit der Zeit unangenehm anfühlen und zu einer Belastung für die
Beziehung werden.

Jemanden zu beschenken ist nicht leicht. Kommt es aus reinem
Herzen oder will ich mir den Beschenkten gewogen stimmen? Ist
meine Gabe dem anderen in dessen Weiterentwicklung förderlich
oder nur unnützer Ballast und Zerstreuung? Halte ich den anderen

für nicht fähig oder willens für sich selbst zu sorgen? Werden Gegengeschenke erhofft, erwarte ich also etwas zurück? Wie ist meine innere Haltung? Dieser subtile Punkt ist eine genauere Betrachtung wert. Anfang der Neunziger verbrachte ich anderthalb Jahre in einem amerikanischen Meditationszentrum. Der Ashram war so groß, dass etwa 120 Menschen permanent dort wohnten und sich um 6 Uhr früh und 22 Uhr abends zur Meditation und zum Mantra-Singen trafen. Es gab ein fortwährendes Kommen und Gehen. Manche Meditierende blieben länger, andere kürzer im Meditationsraum. Immer war jemand anwesend, der krank war, hustete, laut atmete oder sich geräuschvoll bewegte. Meine Konzentration zu halten fiel mir schwer. Ein Freund gab mir den Tipp, gute Ohrstöpsel zu benutzen. Damit fiel die Fokussierung leichter und mit der Zeit entwickelten sich die Ohrstöpsel zu hilfreichen Freunden.

Zurück in Deutschland behielt ich diese Angewohnheit bei. Bei der ersten Morgenmeditation in einem deutschen Yogazentrum setzte ich die Ohrstöpsel ein, als der Gesang der Mantras begann. Plötzlich drehte sich die Vorsängerin um und herrschte mich wutentbrannt und lautstark an. Sie erregte sich darüber, was mir denn einfiele, mir während ihres Gesanges Ohrstöpsel einzusetzen, wo sie die Mantras doch auch für mich rezitieren würde. Weinend und verletzt verließ sie den Meditationsraum. Sie war nur schwer zu beruhigen und erzählte allen Mitbewohnern der Gemeinschaft, was passiert war. Im diesem Ashram, eigentlich einem Ort des Friedens, war einen Tag lang helle Aufregung angesagt.

Langsam dämmerte mir, dass ich sie unbeabsichtigt mit meiner Gewohnheit sehr verletzt hatte. Diese ansonsten herzensgute und fürsorgliche Frau hatte mein Verhalten so interpretiert, dass ich ihren Gesang grauenhaft fand und mir deswegen Ohrstöpsel eingesetzt hatte.

Aus der Sicht von Aparigraha war die eigentliche Ursache ihres Zorns, dass sie mir ihren Mantragesang quasi als Geschenk anbot und ich darauf scheinbar abweisend reagierte. Ihr Geschenk war nicht ganz frei von Eigennutz, daher die heftige Reaktion.

Warum will ich dem Mitmenschen etwas schenken? Wenn wir uns diese Frage stellen, ist es möglich uns selbst zu studieren.

Wahres Loslassen von Besitz – Ein Beispiel aus der *Katho Upanishad*

In der *Katho Upanishad* gibt es ein schönes Beispiel, wie schwer Aprarigraha selbst für fortgeschrittene Yogameister umzusetzen ist. Vajashravas, der Vater des Hauptprotagonisten Nachiketa, ist ein sehr reicher Mann. Zur Erlangung ultimativen Wissens will er ein besonderes Ritual durchführen. Diese Zeremonie verlangt die Herausgabe all seiner Reichtümer und Schätze, um diese an die Seher und Brahmanen zu verteilen. Es ist ein seltenes Ritual, das nur von höchst fortgeschrittenen Aspiranten durchgeführt wird. Jemand, der all seinen Besitz und alle vergänglichen Dinge aufgibt, kann das Wissen von Brahman, der Höchsten Realität, erreichen.

Nachiketas Vater ist dazu nicht in der Lage. Die Bindung an sein Hab und Gut ist zu eng, sodass er nicht seine gesunden Kuhherden aufgeben kann. Stattdessen opfert er alte, kranke, nutzlose und nicht mehr Milch gebende Kühe, um dem Ritual Genüge zu tun und behält die guten Kühe für sich. Sein Sohn sieht dies mit Besorgnis, da er befürchtet, dass ein so unwürdiges Geschenk dem Vater Probleme bringen wird. In dem Bestreben, dem Vater zu helfen, erinnert Nachiketa ihn daran, dass er als sein Sohn zu Vajashravas Eigentum und Reichtum gehört und daher seine Person dem Ritual zugeführt werden muss. „Vater, zu wem willst du mich geben?", fragt Nachiketa. Vajashravas ist wütend, weil sein schlechtes Gewissen um das zweifelhafte Geschenk der schlechten Kühe weiß. Trotzdem schafft er es nicht, seine guten Kühe loszulassen. Daher lenkt er seinen Unmut auf den Sohn. Dreimal stellt Nachiketa die gleiche Frage. Nach dem dritten Mal ruft Vajashravas zornerfüllt: „Du wirst Yama, dem Gott des Todes, übergeben." Im weiteren Verlauf der Geschichte geht Nachiketa als folgsamer Sohn zu Yama, der ihn als Schüler aufnimmt und in das Mysterium des Lebens nach dem Tod einführt.

Vajashravas wünscht eher dem geliebten Sohn den Tod, als seine Besitztümer zu reduzieren. Er betrügt und täuscht die Götter, miss-

113

braucht alte Rituale und nimmt unehrenhaftes Verhalten in Kauf. Erst spät realisiert er seinen Irrtum. Der drohende unwiederbringlich scheinende Tod von Nachiketa bringt ihn letztlich zur Besinnung. Es fällt leicht, über den Vater Nachiketas zu urteilen. Man fragt sich, warum Vajashravas als weiser und intelligenter Mensch so und nicht anders handelt. Aber nehmen wir an, uns fordert jemand auf, den eigenen Wagen zu verschenken, unseren Schmuck in das nächste Gewässer zu werfen oder die lang abbezahlte Eigentumswohnung einfach so zu verlassen. Würden wir nicht zögern, obwohl klar ist, dass nichts davon in den Tod mitgenommen werden kann?

Patanjali verspricht in den Yoga-Sutras, durch Aprarigraha ein Wissen über das Wie und Warum der eigenen Geburten zu erlangen. Was ist der Sinn unseres Lebens, wo liegt Bestimmung und Berufung, und worin bestehen gesunde und produktive zwischenmenschliche Beziehungen? Aparigraha lenkt unsere Energie auf die Beantwortung dieser essenziellen Fragen.

Zusammenfassung

- Äußerer Besitz darf nicht abhängig machen und nicht das primäre Streben unserer Existenz sein. Entsprechendes Verhalten muss überprüft werden. Auf Überflüssiges sollte verzichtet werden. Wir müssen erkennen lernen, was wir wirklich brauchen, um die Fülle unseres Lebens zu begreifen.

- Ein Bettler kann mehr an seiner Bettlerschale hängen als ein Millionär an all seinen Reichtümern. Es ist unsere innere Einstellung zu Besitz, die mit Aparigraha untersucht wird. Ist sie von Anhaftung und Bindung zu den eigenen Besitztümern geprägt, sollten wir die persönlichen Wertbilder überdenken.

- Wir sollten in Achtsamkeit und Sorgfalt mit unserem Eigentum pfleglich umgehen und vollständigen Gebrauch davon machen, ohne in Anhaftung zu verfallen.

- Unser Kauf-, Konsum- und Besitzverhalten zeitigt Wirkungen für die gesamte Erde. Im Zusammenspiel mit der Gewaltlosigkeit sollten wir darauf achten, dass wir andere Men-

schen und die Natur nicht mit unserem Wunsch nach Besitz
schädigen. Hier tragen wir große Verantwortung.

* Durch Geschenke sollten wir nicht in Abhängigkeit geraten
bzw. andere abhängig machen. Geschenke sollten in einem
möglichst reinen Geist gegeben werden.

Niyamas –
Im Einklang
mit sich
leben

Das Selbst wird nicht von Schwachen erreicht. Wenn in dem Körper und in der Seele keine Kraft ist, kann man das Selbst nicht verwirklichen. Zuerst musst du mit guter und kraftvoller Nahrung deinen Körper aufbauen, nur so wird auch deine Seele stark. Die Seele ist der feinere Teil deines Körpers. Du musst große Kraft in deinem Körper und in deiner Seele aufspeichern.

SWAMI VIVEKANANDA[27]

Wenn die Yamas das friedvolle Zusammenleben mit anderen gestalten, wird mit den Niyamas das Fundament zur eigenen Selbsttransformation gegossen. Der Mensch geht hiermit einen eigenen Weg und übernimmt Verantwortung für sein Leben; er baut das starke Verlangen in sich auf, das eigene Wesen zu studieren und sich dem Höchsten zuzuwenden. Letztendlich erkennen und überwinden wir im letzten Niyama – in der Hinwendung zum Göttlichen – die Grenzen der eigenen isolierten Existenz.

Selbsttransformation bedeutet, sowohl äußere wie auch innere Bedingungen zu schaffen, die zu einem gesünderen und zufriedeneren Leben führen. Dazu bedarf es der Überwindung von Unzulänglichkeiten und Schwächen sowie der Entwicklung der eigenen Stärken. Durch das sanfte Überschreiten der selbstgezogenen Grenzen entfaltet sich schrittweise innere Kraft. Wählen, entscheiden, in Aktion gehen, das Gewollte umsetzen – dazu bedarf es der Kraft eines Menschen, der voller kreativer Unternehmungslust, Motivation, Engagement und Energie steckt.

Saucha (Reinigung) als erstes Niyama setzt mit Reinigen und Nähren den Startpunkt für physische und mentale Gesundheit. Durch Santosha (Zufriedenheit) steigt Dankbarkeit und Ruhe auf für das, was bereits erreicht ist. Zufriedenheit mag hilfreich sein, doch für die eigene Weiterentwicklung wird mehr als nur das gebraucht: nämlich auch Feuer, Tat-Energie und Kraft. Diese erhält man durch das Üben von Tapas. Energie bedarf wiederum der Lenkung, da sie sonst in Überanstrengung und Orientierungslosigkeit verpufft. Svadhyaya, das Selbst-Studium, zeigt uns, wer wir in Wahrheit sind und für welches Ziel all diese Anstrengungen unternommen werden. Im letzten Schritt von Ishvara Pranidhana – der Hingabe zum Göttlichen – wenden wir uns mit offenem Herzen hin zu dem allumfassenden Prinzip von bedingungsloser Freude, Furchtlosigkeit und Liebe.

Exkurs: Die drei Gunas – Sattva, Rajas und Tamas

Wie können wir den Übungsweg der eigenen Persönlichkeitsentwicklung leichter und achtsamer für uns gestalten? Die indische

Samkhya-Philosophie liefert einen sowohl theoretischen wie praktischen Ansatz, wie wir mit den Niyamas arbeiten können. Das Wort Guna bezieht sich auf die drei Energien, die in sämtlichen Manifestationen der Welt (inklusive der des menschlichen Geistes) vorhanden sind. Das Konzept der Gunas besagt, dass deren Wirken unseren Körper, unseren Atem und unseren Geist beeinflussen, und zwar in zumindest einer von drei Möglichkeiten. Eine spezifische Handlung mag uns beispielsweise dies fühlen lassen:

- dumpf und abgeschlafft (tamasisch) oder
- nervös und rastlos (rajas) oder
- ruhig und ausgeglichen (sattvisch).

Sattva ist Klarheit und Helligkeit und verkörpert eine aufwärtsgerichtete Energie. Sattva ist die Kraft, die dem Höchsten Selbst am nächsten steht. Jemand, bei dem die sattvische Energie dominant ist, wird unter anderem fröhlich, inspiriert, friedvoll, gütig, zufrieden und mit klarer Unterscheidungsfähigkeit ausgestattet sein.

Rajas ist das Bewegungsprinzip. Im förderlichen Aspekt steht diese Energie für Aktivität und Bewegung – in seinem hinderlichen Aspekt herrschen Unbeständigkeit, Aufgeregtheit, Ruhelosigkeit, Überaktivität und Zerstreutheit vor.

Tamas ist eine abwärts gerichtete Energie und stellt das Prinzip von Festigkeit und Bewegungslosigkeit dar. In seinem positiven Aspekt bedeutet Tamas solide Stabilität und Halt (im Sinne von *Standhalten, Aushalten).* In seiner negativen Ausprägung zeigt es Unfähigkeit zum Wandel, Behäbigkeit, fehlende Klarheit, Müdigkeit, Depression, Chaos, Hoffnungslosigkeit, Dunkelheit und Traurigkeit.

In jedem Individuum sind diese Kräfte in unterschiedlichen Verhältnissen vorhanden. Manche Personen sind sehr energiegeladen, bei anderen ist eher Trägheit vorherrschend. Einige Menschen erscheinen sehr ruhig und wirken dennoch kraftvoll und voller Selbstsicherheit. Unser Wesen und der momentane Stand unseres persönli-

119

chen Wachstums werden repräsentiert durch die Verteilung der drei Gunas, die sich in einem ständig ändernden Zusammenspiel zeigen.

Ein typischer Morgenmuffel verhält sich beispielsweise früh am Tag verschlafen, mundfaul und mürrisch. Am Nachmittag kann er voller Energie und Lebendigkeit sprühen.

Wenn eine Person nicht gewillt ist, etwas Bestimmtes zu tun, kann sie in einen widerstrebenden, dumpfen und inaktiven Zustand verfallen (tamasisch). Findet ein- und dieselbe Person aber Lust und Freude an der vor ihr liegenden Aktivität, handelt sie voller Bewegung und Kraft (also eher rajasisch).

Die dritte Kraft ist Sattva, die in klaren, ausgeglichenen, und neutralen Momenten sichtbar wird und sich zum Beispiel in den geübten Tugenden der Yamas und Niyamas äußert.

In dem Konzept der Gunas liegt eine große Chance für uns: Anstatt unsere Handlungen in dem üblichen Bewertungsmodus von „gut" und „schlecht" zu be- und zu verurteilen und uns Vorwürfe wegen einer scheinbar ungenügenden Übungspraxis zu machen, werden nun mithilfe der drei Gunas die unterschiedlichen Resultate unserer Aktivitäten betrachtet. Erfolg oder Misserfolg sind dann nicht mehr die entscheidenden Beurteilungskriterien. Stattdessen wird eher eine Richtung gefördert und angestrebt, welche die sattvische Komponente unseres Denken und Handelns letztendlich stärken soll.

Wenn die entsprechende Erfahrung vorhanden ist, kann zum Beispiel die Kraft von Rajas benutzt werden, um die tamasischen Anteile der Persönlichkeit zu befeuern. So kann physische Bewegung helfen, psychische Niedergeschlagenheit zu lindern. Bei einem Übermaß an Rastlosigkeit und Stress sind Meditation und Entspannungsübungen nützlich, um mehr Klarheit und Sanftheit in unser Leben zu bringen. Das Sitzen in Meditation und systematische Entspannungsübungen sind beispielsweise sattvischer Natur und nicht tamasisch, wie man vielleicht annehmen könnte, denn sie führen zum Gleichgewicht und nicht in die Trägheit. Das Konzept der Gunas gibt uns Möglichkeiten, eigenes Verhalten anders zu sehen. Vorrausetzung dafür ist die Bildung fester Willenskraft (Sankalpa

120

Shakti), um aus dem gewohnten und konditionierten Alltagstrott auszubrechen und einen nächsten Schritt in der Persönlichkeitsentwicklung zu gehen. Hier wird *Tapas* berührt, das dritte Niyama zur Entfachung von Hitze, Kraft, Ausdauer und Disziplin.

Selbst große Rastlosigkeit (Rajas) mag zuweilen besser sein als stetige Lähmung und Stagnation (Tamas). Denken wir an einen Fluss, der zugefroren ist. Wenn Energie durch Wärme hinzukommt, schmilzt das Eis und das Wasser bewegt sich wieder. Es kann alle Widerstände überwinden und große Kraft entfalten, aber dadurch ebenso Überschwemmungen und Zerstörungen. Durch Führung und Kontrolle wird es in einem Elektrizitätswerk in Dampf verwandelt und kann Turbinen antreiben. Die drei Gunas werden zwar getrennt voneinander definiert, spielen aber immer miteinander in einem großen Spiel.

Je mehr dies erkannt wird, desto mehr kann große Energie in unserem Leben sichtbar werden. Sattvische Energie wird am ehesten spürbar durch selbstloses Handeln (Meditation in Aktion). Aber selbst der sattvische Zustand ist letztlich ein konditionierter Zustand.

Auch ihn gilt es in der Philosophie des Yoga zu transzendieren, damit letztendlich unser höheres Selbst zum Vorschein kommen kann.

So gibt es gute Gründe, das muntere Treiben der Gunas in uns aufmerksam zu beobachten. In den nun folgenden Lebensempfehlungen werden wir darauf wieder zurückkommen.

Saucha – Reinigung

Durch engagierte Übung der verschiedenen Aspekte von Yoga werden Verunreinigungen zerstört und das Licht der Weisheit strahlt in unterscheidendem Wissen.

YOGA-SUTRAS, KAP. 2, V. 28

Mit purer sattvischer Energie erlangen wir einen heiteren und fröhlichen Geist; einpunktige Meisterschaft über die Sinne sowie Kraft und Ausdauer für die Verwirklichung des Selbst.

YOGA-SUTRAS, KAP. 2, V. 41

Saucha bezieht sich sowohl auf physische als auch auf mentale Reinheit. Physisch kann dies relativ leicht erreicht werden. Mentale Reinheit erfordert hingegen besondere Achtsamkeit und Unterscheidungsvermögen – insbesondere bei der Frage, welches Gedankengut und welche Sinneseindrücke man in sich hineinlässt. Ohne diese Klarheit ist Konzentration bzw. die Erkundung nach innen ebenso schwierig wie eine Verhaltens- und Gewohnheitsänderung im Außen. Ohne diese Klarheit bleibt unser verstecktes Potenzial im Verborgenen und wir verharren im festen Griff von gewohnten Reaktionen, Konzepten, Bewertungen, Abneigungen, Neigungen, Vergleichen, Erinnerungen, Zweifeln und Ängsten. Das folgende aus dem Alltag gegriffene Beispiel mag das Prinzip von Reinigung verdeutlichen.

Wenn ich in mein Auto steige und das Licht anschalte, nehme ich manchmal einen Helligkeitsunterschied zwischen den beiden vorderen Scheinwerfern wahr. Manchmal sind sie unterschiedlich verschmutzt, aus welchem Grund auch immer. Dadurch scheinen sie auf der einen Seite mehr Licht zu geben als auf der anderen Seite, wo weniger Licht auf den Asphalt kommt. Die Lichtmaschine liefert dieselbe Leistung für beide Lampen. Durch den unterschiedlichen Dreck auf dem Glas der Scheinwerfer erscheint aber einer schwächer als der andere zu sein. Es ist keine Frage von mehr Leuchtkraft – die Scheinwerfer müssen schlichtweg sauber sein, damit die Straße vor uns wieder klar erkennbar ist. Und obwohl laut der Yoga-Philosophie in allen Wesen der gleiche Lichtkern strahlt, erscheinen trotzdem manche Menschen leuchtender und strahlender als andere. Setzt hier Saucha, das Niyama der Reinheit, an? Kann Reinigung helfen, uns aus unserem Dunkel hervortreten zu lassen?

Saucha ist auch eine exzellente Übung für die Schulung von Buddhi, dem Unterscheidungsvermögen. Basis dafür ist es, die Position eines neutralen Beobachters einzunehmen: also quasi innerlich neben sich zu stehen und die Folgen und Konsequenzen der eigenen Aktivitäten leidenschaftslos wahrzunehmen. Dadurch ist feststellbar, welche Handlungen für mich auf längere Sicht förderlich und nicht förderlich sind, und dann kann ich entsprechende Verhaltensänderungen vornehmen.

Prinzipiell muss ich mich aber nur von dem reinigen, was schädigend oder störend in meinen Körper und Geist wirkt. Durch den Einsatz des Unterscheidungsvermögens wird bemerkt, welche fein- und grobstofflichen Substanzen ich in mich hineinlasse und welche Folgen dies auf mein Leben hat. Dann können Alternativen gesucht werden.

Anstatt beispielsweise wahllose Berieselung durch das Fernsehen hinzunehmen, kann ich stattdessen beginnen, für mich wertvolle TV-Sendungen zu selektieren. Ich kann nur noch solche Zeitungen, Bücher oder Internetseiten auswählen, deren Lesestoff mich in der Entwicklung meiner Persönlichkeit voranbringen. Statt mich über-

Abbildung 11: In welchen Bereichen wirkt Saucha?

Körper   **Geist**

Shatkarma
die sechs yogischen Reinigungstechniken
Körperhygiene
sich waschen
saubere Kleidung tragen
Ernährung
ausgewogenes, nährstoffreiches,
vitales Essen
kein Junkfood
genügend Flüssigkeit (z. B. Wasser)
Atmung
tiefe Zwerchfellatmung
Pranayama-Übungen
Umgebung
aufgeräumte Wohnung, Auto,
Garten, Arbeitsplatz etc.

Reinigung des Geistes
Verminderung der Kleshas (Unwis-
senheit, Ich-Haftigkeit, Anhaftung,
Ablehnung, Angst vor dem Tod)
Unterscheidungsvermögen
bewusste Entscheidungen treffen
mit dem inneren Lehrer
Auswahl
Wahl des geistigen Inputs (z. B. Ra-
dio, TV, Medien, gesellschaftlicher
Umgang)
Gewohnheiten
Erkennen von und Arbeiten an unbe-
wussten Gewohnheitsmustern

125

wiegend von Junkfood zu ernähren, esse ich bewusst und kaufe ausschließlich hochwertige Lebensmittel. So beginnt Reinigung zuerst auf der mentalen Ebene, um dann auf der körperlichen Ebene ihren Niederschlag zu finden. Und falls ich mal über die Stränge schlage und mich mit einer Tüte Chips auf dem Sofa vor dem Fernseher lümmele, ist eine bewusste Entscheidung vorangegangen – so kann ich selbst das mit Achtsamkeit genießen, aber auch die Auswirkung einer vollen Chips-Tüte auf mich studieren. Ein zentraler Punkt bei dieser Art von Reinlichkeit ist: Ich bin nicht willenlos meinen verunreinigenden Gewohnheiten ausgeliefert, sondern kann bewusst auswählen und mich entscheiden.

Übungsfelder für Reinigung im Alltag

Das Thema der inneren, physischen Sauberkeit des Körpers ist sehr zentral im Yoga. Die Ebenen von Körper, Atem und Geist werden als durch Schleier verhüllte Bereiche angesehen; diese werden mehr und mehr bis zur Durchsichtigkeit gereinigt und entfernt, wodurch sich letztlich unser wahres Selbst (Atman) enthüllt. Dies erfordert freundliche Ausdauer und Beharrlichkeit sowie richtige Schulung und auch gute Übungen – und Yoga bietet dafür ein reichhaltiges Instrumentarium.

Unser Körper besitzt ein differenziertes System von Reinigungsorganen (Darm, Blase, Lungen und Haut). Stress, Bewegungsmangel, ungünstige Ernährung sowie Umweltbelastungen können dieses System zusätzlich zu den normal entstehenden Stoffwechselprodukten stark überlasten. Verschlackungen und Unreinheiten im Inneren erschweren Meditation und bereiten den Nährboden für Müdigkeit, Erschöpfung, und sonstigen Beschwerden und Krankheiten.

Zur Linderung dieser Probleme schuf der Yoga ein ausgefeiltes System von Reinigungstechniken, den sogenannten Shatkarmas. Diese umfassen sechs Reinigungsgruppen mit 26 verschiedenen Praktiken, die auf den Verdauungstrakt, auf die Atmungsorgane wie auch auf das Nervensystem reinigend wirken. Yogaschriften wie die Hatha-Yoga-Pradipika heben hervor, dass diese Übungen geheim bleiben sollen. In der mündlichen Lehrer-Schüler-Tradition brauchte früher der Schüler die Führung eines erfahrenen Lehrers zur Übung von Shatkarma, da dies ansonsten zwar keine lebensbedrohenden, aber unangenehme Folgen hätte haben können. Shatkarmas dürfen bis heute nur unter Anleitung erfahrener Lehrer erlernt werden.

Eine weitere zentrale Rolle spielt die Art der Nahrungsaufnahme. Reine (sattvische) Ernährung bzw. solcherlei Lebensmittel minimieren die Verschmutzungen in unserem Körper und zeichnen sich durch folgende grundlegende Eigenschaften aus: Sie sind

- frisch, leicht und nahrhaft,
- werden in der angemessenen Menge,
- zur rechten Zeit
- und in einer angenehmen, heiteren Gemütsverfassung zu sich genommen.

Reinigung ist ein erster Schritt der Selbst-Transformation. Ojas, die spirituelle Energie und Essenz aller umgewandelten Nahrung, wird auch gewonnen aus natürlichen Lebensmitteln, die den Körper nicht belasten. Mit gesundem Essen verringern wir innere Verschmutzung und erhalten die Gesundheit. Zusätzlich ist der Atem als Bindeglied zwischen Körper und Geist sehr bedeutsam. Eine tiefe, gleichmäßige, ruhige (Zwerchfell-)Atmung ohne längere Pausen besitzt tiefe reinigende Wirkungen für unseren Körper und schafft eine wichtige Voraussetzung für einen ausgeglichenen Geist. Dieser wiederum braucht fördernde Nahrung in Form von positiven, lebensbejahenden Gedanken.[28]

Durch die Reinheit und Sauberkeit von Körper und Geist entwickelt man Desinteresse (Abstand) gegenüber dem eigenen Körper und sucht keinen Kontakt mit anderen Körpern.

YOGA-SUTRAS, KAP. 2, V. 40

127

Hier lauert ein Missverständnis: Ein fortgeschrittener Yogi auf solch einer spirituellen Entwicklungsstufe lehnt nicht die Körper anderer Menschen per se ab, noch vermeidet er kommunikativen Kontakt mit seiner Umgebung. Er entwickelt vielmehr ein Desinteresse und Leidenschaftslosigkeit gegenüber seinem Körper und anderen Körpern, weil sein eigentliches Ziel die Erfahrung kosmischen Bewusstseins ist. Somit nimmt er einzig seinen göttlichen, reinen Kern sowie den seines menschlichen Gegenübers wahr.

Nichtsdestotrotz ist ihm bewusst, dass der Körper der Hort und Tempel des göttlichen Bewusstseins ist, und nur die Geburt in einem menschlichen Körper der Seele die spirituelle Verwirklichung bringen kann. Daher ist der Körper zu pflegen und zu erhalten und keinesfalls zu vernachlässigen.

Zusammenfassung

• Reinlichkeit durchzieht viele Bereiche des Lebens. Sie beschränkt sich nicht auf normale Hygiene, eine aufgeräumte Umgebung oder die Vorbeugung gegen körperliche Beschwerden. Wenn Worte und Taten rein sein sollen (also sattvischer und lichter Natur), muss als erste Instanz der Geist geklärt werden. Insbesondere nicht förderliche Gewohnheiten müssen aufgelöst werden und die Verringerung von Anhaftungen, Ängsten und Befürchtungen wird hier notwendig. Die Instrumente der Reinigung hierfür sind Achtsamkeit und Unterscheidungsvermögen (Buddhi).

• Nicht der Verzicht, sondern der Prozess des Etwas-Besseres-Wählens umschreibt den Kern von Yoga-Reinigung.

• Reinigung und Ernährung sind wie zwei Seiten einer Medaille. Diese Aspekte der Gesundheit sind nicht voneinander zu trennen.

• Der Atem ist die verbindende Brücke zwischen Körper und Geist. Tiefe und reinigende Zwerchfellatmung nutzt die Atemwege intensiver und hat zugleich positive und harmonisierende Wirkungen auf das Nervensystem und unseren Geist.

- Ein Körper kann trotz aller Bemühungen nicht völlig rein werden. Wir sind ständig voller Unreinheiten: Über die vier menschlichen Ausscheidungswege von Haut, Blase, Darm und Lunge werden in jeder Sekunde toxische Stoffe aus unserem Körper eliminiert. Vollständige Sauberkeit ist auch aus der Sicht des Yogas eine Illusion.

- Mit fortschreitender Übungspraxis identifiziert sich ein Yogi immer weniger über seine „unsaubere" leibliche Hülle, da sich seine Anhaftung an den eigenen Körper ständig verringert.

129

Santosha – Zufriedenheit

Durch Zufriedenheit erlangt man unübertroffene Freude und Glück.
YOGA-SUTRAS, KAP. 2, V. 42

Es war einmal ein König, der seinen fünfjährigen Sohn sehr liebte. Eines Tages begann der Königssohn ununterbrochen zu weinen und rumzunörgeln. Der Vater wurde zunehmend ärgerlich und herrschte seinen Hofstaat an: „Er ist ein Kind von königlichem Blut. Gebt ihm alles, was er will. Wenn seine Wünsche nicht erfüllt werden können, wie können dann die Wünsche anderer Menschen erfüllt werden? Er ist kein gewöhnliches Kind, er ist schließlich ein Kind aus königlichem Haus."

Ein Minister sagte zum König: „Sire, lassen wir den Jungen in Ruhe. Nach einiger Zeit wird er wieder still werden." „Nein", antwortete der König, und gab den Befehl, den Prinzen in die königliche Versammlung zu bringen, wo alle Weisen und seine Ratgeber saßen.

„Was willst du?", fragte er seinen weinenden Sohn. „Ich will eine Kuh", antwortete dieser. „Seht ihr, mein Sohn will einfach nur eine Kuh. Könnt ihr das dem königlichen Prinzen nicht geben?" Die Kuh wurde in die Versammlung gebracht. Das Kind hörte aber nicht auf zu weinen. „Was ist, mein Sohn?" „Ich möchte grünes Gras." So wurde das Gras geholt, aber das Weinen und Nörgeln hörte nicht auf. „Was ist denn, mein Sohn?" „Ich möchte, dass die Kuh das Gras isst." So wurde die Kuh mit dem Gras gefüttert.

„Seht ihr, mein Sohn fragt nach ganz einfachen Dingen, und ihr könnt ihm diese simplen Dinge nicht geben?" Aber das Kind beruhigte sich immer noch nicht. „Was ist denn, mein Sohn?" „Ich will, dass die Kuh Milch gibt." So wurde die Kuh gemolken, aber der Junge war immer noch nicht glücklich. „Bringt die Milch wieder zurück", jammerte der Prinz.

Nun kann man gemolkene Milch nicht wieder in eine Kuh zurückbringen. Resignierend und voller Ärger sagte der König: „Werft den Jungen raus."

Nach einer Erzählung von SWAMI ANUBHAVANANDA[29]

Je mehr Wünsche sich erfüllen, desto mehr dringen weitere Wünsche in das Denken ein. Mit neuen Wünschen verknüpfen sich zusätzliche, anwachsende Erwartungen, was Unzufriedenheit verursacht – und je größer diese ist, umso unglücklicher fühlen wir uns.

Glück und Zufriedenheit ist das Lebensziel vieler Menschen, und trotzdem sind Stress, Depression, Zweifel und Klagen ein weit verbreitetes gesellschaftliches Phänomen. Im Westen ist viel materieller Reichtum, kulturelle Vielfalt und soziale Sicherung vorhanden, wenn auch nicht für alle Menschen in gleichem Maße. Dennoch sind tiefe Gefühle von Angst, Unsicherheit und Unzufriedenheit wahrnehmbar. Zufriedenheit ist eine wertgeschätzte Tugend, doch nur wenige Menschen nennen wirkliche, dauerhafte Zufriedenheit ihr Eigen. Paradoxerweise scheint die Erfüllung vieler Wünsche keine wahre Zufriedenheit hervorzubringen. Um dies aus der Sicht des Yoga zu erklären, wirft das Kapitel über Santosha, das zweite Niyama, folgende Fragen auf:

* Was ist Verlangen?
* Wie wird Verlangen geweckt und in uns genährt?
* Wohin bringt uns die Erfüllung unserer Wünsche?
* Welche Lösungsansätze führen in Richtung Zufriedenheit?

Die Entstehung von Verlangen

Santosha bringt ein Kernproblem vieler spirituell Suchender zum Vorschein. Es scheint fast unmöglich, sich den verführerischen (Konsum-)Verlockungen der Welt zu entziehen und in der Zufriedenheit zu verweilen. Widerstand erscheint zwecklos, da die Mechanismen nicht bekannt sind, die fortwährend neue Wünsche in uns hervorbringen und steuern. Unser Begehren wird schon wahrgenommen, aber schwerlich verstanden.

Ein einfaches Beispiel mag dies verdeutlichen: Ich selber mag Musik und speziell Schallplatten und CDs seit früher Jugend, was mir im Lauf der Zeit eine große Sammlung an Hunderten von Tonträgern bescherte – völlig ausreichend, um viele Monate lang Musik zu hören, ohne eine Platte mehrmals zu spielen. Trotzdem ließ das Bedürfnis nicht nach, diese umfangreiche Sammlung weiter zu vergrößern.

Kürzlich las ich in einer Musikzeitschrift, dass mein derzeitiger Lieblings-Jazzmusiker auf einem Internet-Musikportal zwei exklusive Live-Aufnahmen anbietet, die nicht im Laden erhältlich sind.

133

Diese Information setzte sofort folgende Gedankenkette in Gang:

Ich möchte diese Live-Aufnahmen unbedingt hören, aber ich besitze (noch) keinen Internet-Zugang. Soll ich meinen Freund ansprechen, der Erfahrung darin hat? Aber er wohnt in Wiesbaden, er hat wenig Zeit und ist doch ständig so überarbeitet. Wie kommt die CD dann zu mir? Wie viel kostet eigentlich ein Download? Mit Cover oder ohne Cover? Als MP3 oder doch als Audio-CD? Wird die CD nett aussehen oder nur ein hässlicher CD-Rohling sein? Vielleicht sollte ich mir aber einen Mac-Computer kaufen, das hatte ich schon lange vor. Oder lieber einen Windows-Computer oder ein Laptop? Worauf könnte ich am besten meine Lieblingsfilme aus Bollywood ansehen? Wie viel Geld kann ich ausgeben? Kleiner oder großer Bildschirm? Vielleicht sollte ich zusätzlich einen iPod kaufen? 16 oder 32 Gigabyte Speicherkapazität? Wo bringe ich das alles in der Wohnung unter? Was sollte ich umräumen …

Beim Lesen erscheinen solche Gedankengänge vielleicht lächerlich, aber auf diese Weise laufen lange und energieraubende Gedanken- und Assoziationsketten in uns ab. Ein Sinnesimpuls von außen vermengt sich mit alten Erinnerungen. Spontan beginnen wir Dinge zu begehren und mit hohen Erwartungen zu belegen. Wenn dies nicht zielgerichtet und bewusst geschieht, beansprucht es viel Zeit und Energie.

Erinnerungen an Objekte und Geschehnisse sind die inneren Quellen des Verlangens. Kein funkelnder Diamant in dem Fenster eines Juwelierladens schwenkt ein großes Plakat und ruft: „Komm, schau mich an, komm, nimm mich mit!" Der Diamant liegt da und tut gar nichts: Das Verlangen selbst ruft in uns. Wenn ein Mann eine Frau trifft und so aufrichtig verliebt ist, ist er überzeugt, dass nichts die Schmetterlinge in seinem Bauch je vertreiben wird. Ein Jahr später wird die Begegnung zwischen den beiden vielleicht nicht mehr diese Intensität besitzen. Eventuell wird dann ein anderer Partner oder eine andere Partnerin gesucht, der oder die endlich das immerwährend Glück bringen soll. Auch hier folgt immer wieder rasch die Ernüchterung. In dem genannten Beispiel folgen Mann und Frau ihren Wünschen – deren Natur ist, dass sie aufsteigen, befriedigt werden, sich verflüchtigen, um dann zu gegebener Zeit als neue Wünsche wieder aufzusteigen. Diesem wilden Treiben fortwährend nachzugeben führt in einen regelrechten Teufelskreis.

Die äußeren Quellen von Verlangen sind leicht identifizierbar. Zeitschriften, Fernsehen, Radio und Internet versorgen uns jederzeit mit schön verpackten Informationen, Ideen und Storys, wie im 21. Jahrhundert glückliches Leben aussehen soll. Unablässig senden die Werbemedien ihre Botschaften: Entertainment, Politik, Sex, Autos, Alkohol, Kleidung, Kultur, Bücher, Essen und vieles mehr werden als scheinbar lebensnotwendige Dinge präsentiert. Das andauernde Bombardement verleitet zu der Überzeugung, dass das Leben so aussehen muss, wie es die Werbung vorgaukelt. Mehr und mehr werden wir in die irreale Scheinwelt glücklich machender Objekte und Ideologien geführt.

Verlangen und Leidenschaften ändern sich im Laufe des Lebens. Kinder lieben beispielsweise Süßigkeiten, aufregende Spiele, Aufmerksamkeit und Anerkennung. In der Pubertät erwacht die Sexualität, die das Verhalten während der nächsten Jahrzehnte mitbestimmt. Im mittleren Alter stehen berufliche Entfaltung, Aufbau und Versorgung der Familie und materielle Absicherung im Vordergrund. Wenn der Tod sich nähert, mögen Trost und Sinn in der Lebensrückschau und in vertiefender Spiritualität gesucht werden.

Im Laufe unseres Lebens suchen wir also verschiedenartige Dinge: sei es ein Partner, Anerkennung, Eigentum von Objekten oder was auch immer. Egal, was wir wann besitzen wollen: Wir bleiben in der trügerischen Illusion, dass das Glück sich auf die Erfüllung unserer Wünsche gründet.

Folgende alte Geschichte, die über den indischen Weisen Kabir kursiert, verdeutlicht, dass unsere tieferen Einsichten oft nur von kurzer Dauer sind:

Eine Pilgerin sucht Kabir in seinem Haus auf, um seine Schülerin zu werden. Sie trifft aber nur seine Frau an, die ihr mitteilt, dass ihr Mann der Beerdigung eines Freundes beiwohne. Die Pilgerin werde ihn an seiner Hutfeder erkennen. Am Krematorium angekommen, stellt die Suchende zu ihrem Erstaunen fest, dass die gesamte Trauergemeinde Federn an den Hüten trägt. Die Zeremonie schreitet fort – und vergeblich hält die Frau nach weiteren Hinweisen auf Kabir Ausschau. Doch als sich die Menge schon auflöst und sie bereits unverrichteter Dinge wieder fortgehen will, bemerkt sie auf einmal, dass sich die Federn auf den Köpfen der Trauernden eine nach der anderen in Nichts auflösen. Schließlich ist – in einiger Entfernung von der Verbrennungsstätte – nur noch ein einziger Mann zu sehen, der eine Feder an seinem Hut hat. Sie tritt auf ihn zu und fragt: „Bist du Kabir?" – Der Mann erwidert erstaunt: „Ja, aber wie hast du das erkannt?"

Diese kleine Geschichte verdeutlicht, dass die emotional tiefgreifende und erschütternde Wirkung, die der Tod auf uns hat, nicht von langer Dauer ist. Im Gegensatz zu einem Weisen vergessen wir rasch die Vergänglichkeit unseres Seins auf der Erde. Der Tod eines Mitmenschen, eines Partners oder der Eltern rüttelt nur kurzzeitig auf. Dies symbolisieren die verschwindenden Federn, die jeder Trauergast während der Einäscherung des Freundes trägt. Aber als sie sich dann abwenden und das Leben quasi voranschreitet, schwindet die Achtsamkeit. Am Ende bleibt einzig die Feder von Kabir übrig – eines Menschen, der sich des diesseitigen und jenseitigen Lebens dauernd gegenwärtig ist. Warum verschwinden die Eindrücke eines solch tiefen Erlebnisses so schnell bei uns, die wir keine Heiligen sind? Was lässt uns so rasch vergessen?

Überraschenderweise sind es eher triviale Gedanken, Gefühle und Befürchtungen sowie die ständig nachwachsenden Wünsche, die wertvolle Einsichten buchstäblich über den Haufen werfen (wie

beispielsweise in dem oben genannten Beispiel des so „wichtigen"
Herunterladens von Musikdateien aus dem Internet).

Als mein Vater verstarb, sah ich bei der Wohnungsauflösung die
gesamten manifesten Erinnerungen, die er in seinem Leben mit der
geliebten Frau gesammelt hatte: Bücher, Möbel, Kleidung, Fernseher, Teppiche, Nippes, Regale voller Zinnbecher, Puppen und vieles
mehr. Nichts konnte er davon über den Tod hinaus mitnehmen.
Ich bat Verwandte, mir beim Aufräumen zu helfen. Dabei kam
es zu tumultartigen und aufregenden Szenen um die Frage, wer welche Gegenstände für sich mitnehmen durfte. Meine Angehörigen
schrien, lachten und freuten sich. Sie nahmen sich mehr, als sie brauchen konnten, während ich unter dem Eindruck des Todes meines
Vaters eher ruhig dem Treiben zusah. Ich hatte meine „Feder" noch
auf dem Kopf, aber auch ich verlor sie im Lauf der nächsten Monate.

Rolf Sovik, spiritueller Lehrer und Präsident des Himalayan Institute of Yoga Science and Philosophy, erläuterte in *The Pursuit of
Pleasure*[30] ausführlich diesen Entstehungsprozess von Wünschen
und Verlangen. In seinen Ausführungen erwähnt er unter anderem eine Fernsehdokumentation über Essgewohnheiten, in der ein
Mann die vermeintlichen Gründe für seinen hohen Cholesterin-
Spiegel erläuterte. Dieser schilderte sein fettreiches Frühstück und
erzählte, wie er danach sofort an das nächste Essen dachte. Die folgende Mahlzeit würde ebenfalls voller Fett sein. Und so ging der Tag
weiter: Entweder aß er, oder er bereitete sich mental auf die nächste
Mahlzeit vor. Dieser Mann hatte gerade einen massiven Herzanfall
sowie eine vierfache Bypass-Operation hinter sich.

Würde dieser Mann der Verbrennung beiwohnen, würde er eventuell nicht lange über den Toten nachdenken, sondern über seine
nächste Mahlzeit. Möglicherweise würde er sich bereits während der
Zeremonie auf den Leichenschmaus freuen. Vielleicht würde er jemanden von den Trauergästen zum Essen einladen, um über den
Verstorbenen zu sprechen. In diesem Fall würden seine Gedankenmuster sofort in die gewohnte Richtung gehen – seine Feder wäre
im Nu weg. Was ist nun der Kern der Geschichte von Kabir und die
Verbindung zum Thema Zufriedenheit?

Es liegt weniger daran, dass Verhaltensweisen und deren schädlichen Effekte nicht bemerkt werden. Oftmals ist uns aber nicht möglich, ein Verlangen neutral zu beobachten und zu zügeln. Verfangen in einem Netz von Gedanken, Fantasien, und Gewohnheiten wird diese imaginäre Welt nicht verlassen. Die *Begierde* braucht und erhält fortwährend neue Stimuli, um sich in unserem Leben zu halten. Gier macht unersättlich. Zufriedenheit bleibt uns in diesem Geisteszustand verwehrt.

Der Tod ist eine sehr unwillkommene Unterbrechung, da dessen abruptes Eintreten und Endgültigkeit uns wachrüttelt. Inmitten von Bindungen, Streben und Verlangen setzt er einen schmerzhaften Kontrapunkt. Solange die Begierden und Wünsche fest im Geist verankert sind, nähern wir uns dem Phänomen des Todes nur vorsichtig an und vergessen die Lehren daraus wieder schnell.

Wie kann sich Verlangen langsam in unser Verhalten einschleichen? Hierzu ein Beispiel aus der Wirtschaft:

Ein kaufmännischer Angestellter ist in einem großen Unternehmen tätig. Seine Führungskraft bittet ihn Überstunden zu machen, damit ein Projekt zu einem baldigen Abschluss kommt. Die Mehrarbeitszuschläge kann er gut gebrauchen, um seinen Überziehungskredit wieder auszugleichen. Vielleicht ist noch dazu ein kleines Geschenk für die Familie möglich. Frau und Kinder sind zwar leicht enttäuscht, dass er nicht rechtzeitig zum Abendessen kommt – aber eigentlich ist er ganz froh, dem Familienchaos einmal zu entrinnen. Eine Familie zu haben ist manchmal sehr aufreibend! Dankenswerterweise fragt sein Projektleiter, ob er auch zukünftig zu Überstunden bereit ist. Natürlich sagt er „Ja" zu dessen Angebot, und fühlt beginnenden Stolz und eine Bewusstsein von gesteigertem Prestige in sich aufsteigen. Die süße Phantasie erwacht, dass die eigene Karriere nun schneller vorankommen könnte.

Die zweite Gelegenheit für Überstunden kommt rasch. Wieder fällt das gemeinsame Abendessen mit der Familie aus; die Ehefrau ist enttäuscht, gibt aber zu, dass das zusätzliche Geld hilfreich ist. Diesmal identifiziert er sich als Teil eines Eliteteams in seiner Firma, wo Überstunden „einfach dazugehören". Das Gefühl seiner Wichtigkeit, vielleicht als kommende Führungskraft, wächst enorm. Bei der dritten Gelegenheit sind die bereits zu erwartenden Überstundenzuschläge verplant. Bei Vorhaltungen seiner Frau erklärt er, dass sein Projektleiter wirklich von ihm erwartet, dass er Mehrarbeit leistet. Die Unzufriedenheit der Familie wächst zunehmend – trotzdem lohnt sich in seinen Gedanken die Anerkennung seiner Firma mehr als die vorübergehende Verstimmung von Frau und Kindern. Er beginnt zu verheimlichen, dass das Ableisten von Überstunden eigentlich seine Wahl ist und nicht von der Firma zwingend aufgedrückt wurde. Eine neue Rolle und ein neues Selbstbild sind entstanden, in die mehr und mehr Energie fließt. Ein Verlangen nach zusätzlichem Geld, einer Pause von der Familie, und ein neu gefundenes Gefühl von Wichtigkeit und Karriere durchströmen ihn und wollen weiter wachsen.

Dieses detaillierte Beispiel von Rolf Sovik beschreibt sehr treffend Vorgänge, die ich während meines dreißigjährigen Berufslebens in der Wirtschaft selbst am eigenen Leib oft erlebt habe. In der Analyse des Geschehens werden folgende Einzelschritte sichtbar:

Abbildung 12: Das Entstehen von Verlangen

1.
Eine Erfahrung kommt auf mich zu, die mir zunächst als angenehm erscheint.

2.
Mein Ich verbindet sich unverzüglich mit der Erfahrung.

5.
„Ich" schütze meine neue Erfahrung und deren Verlangen und gehe gegen jeden möglichen Widerstand und jede Veränderung vor.

**Verlangen
Begierden
Wünsche**

3.
Gedanken, diese Erfahrung zu wiederholen, werden in meiner Erinnerung eingebettet.

Diese Gedanken motivieren mich bei der nächsten Gelegenheit zur Wiederholung.

4.
Gedanken,
das Objekt der Erfahrung zu verlieren,
beunruhigen mich.

139

Verlangen ist mehr als pure Anziehung (Raga), sondern in Wirklichkeit ein viele Ebenen berührender, vielschichtiger Prozess. Verlangen erwacht zunächst und setzt dann oftmals eine Ereigniskette in Gang, deren Ergebnis ungewiss ist und oft in Unzufriedenheit endet. Erschwerend kommt hinzu, dass wir die Ergebnisse von Handlungen im Voraus antizipieren. Wenn sie wie erhofft tatsächlich eintreten, herrscht kurze Zeit Zufriedenheit und eventuell sogar Stolz, aber neue Wünsche steigen als Quell künftiger Unzufriedenheit rasch wieder auf. Das Errungene will geschützt werden. Wird es aber nicht erlangt, steigen eventuell Ärger und tiefe Enttäuschung auf. Sollte es jemand anderes bekommen, erwachen Neid und Eifersucht. Der Prozess des Verlangens beginnt mit Anziehung, und endet schlimmstenfalls in Trennung, Feindseligkeit und Isolation.

Beobachten wir das Geschehen im Geist: Zunächst kommt der Gedanke an das begehrte Objekt. Verweilen wir bei dem Gedanken, entsteht wachsendes Interesse. Auf der Suche nach der Befriedigung des Wunsches erhöht sich das Interesse weiter, bis der Geist mit nichts anderem als mit der Lösung dieses Problems absorbiert ist. Wir sind unglücklich, da wir nicht das bekommen, was wir haben wollen.

Jetzt kommt der Augenblick der Wunscherfüllung. Wir befriedigen das Verlangen. In dem kurzen Augenblick wird der Geist still. Alle Gedanken, wie wir an das gewünschte Objekt gelangen, vergehen. Der Geist wird leer. Es ist nicht das erworbene Objekt, das glücklich macht, sondern die folgende Stille des Geistes. Dieses Glücksgefühl vergeht sehr rasch, sodass neues Begehren in Form von Gedanken flugs wieder auftaucht. Angetrieben durch frische Sinneseindrücke und alte Erinnerungen dreht das Hamsterrad der Wünsche sich erneut.

In dem Moment, in dem diese Wahrheit erkannt und der Teufelskreis durchbrochen wird, erwacht Buddhi, das Unterscheidungsvermögen. Vairagya, die Freiheit von Leidenschaft, bringt uns in einen mentalen Zustand, in dem wir nicht mehr hilflos dem Verlangen ausgeliefert sind. Dann breitet sich Zufriedenheit im Leben aus.

Wohin führt die nächste Stufe? Wenn die Sinnesbefriedigung nicht mehr im Vordergrund steht, was lässt uns stattdessen tiefe Zufriedenheit erfahren? Der Yogi füllt seinen Geist mit dem Klingen des heiligen Klangs (Mantra), der ihn zu Brahman, dem All-Eins-Sein führt. Der Geist kann nicht zwei Gedanken gleichzeitig denken. Durch die fortwährende Wiederholung des Mantras werden die Gedanken des Verlangens langsam schwächer und durch Klang ersetzt. Einem Mantra wird göttlicher Ursprung nachgesagt, sodass ein Yogi sich mit diesem Werkzeug nun Gott innerlich nähern kann.

Diese Aspekte werden mit Svadhyaya, dem Selbst-Studium, und in Ishvara Pranidhana, der Hingabe zu Gott als viertes und fünftes Niyama, erforscht.

Die Bilder des Verlangens

Ein Schlüssel zum Identifizieren, Verstehen und Arbeiten mit dem Phänomen des Verlangens ist die Erkenntnis, dass es aus Gedanken besteht – nämlich Gedanken über erfreuliche Dinge. Es sind mentale Bilder und nicht im eigentlichen Sinn Objekte, die in der Betrachtung des Denkprozesses erkennbar sind. Wie entstehen solche Gedankenbilder?

Wenn Angenehmes geschieht, sind gerade keine der üblichen Konflikte, Beschwerden, Schmerzen und Polaritäten im Leben akut. Es fühlt sich gut an, und das führt zu einem positiven Fluss von Energie. So entsteht der innige Wunsch, dass dieser freudige Moment erhalten bleiben möge – deshalb denken wir darüber nach. Diese Gedanken werden genährt und so wird geplant, wie das Glück bringende Ereignis wieder neu erlebt werden kann. Das köstliche Empfinden von „Besitz" steigt auf.

Gedanken sind aber keine reale gelebte Erfahrung. Sie existieren nur im Geist und sind oft von einer Ich-Identifikation geprägt. Dieses Ich drückt sich auf vielerlei Ebenen aus:

- Das ist meins.
- Du bist jemand anderes als ich.
- Ich bin etwas Besseres als … (eine andere Person).
- Ich besitze mehr oder weniger als … (eine andere Person).
- Ich bin schöner oder hässlicher als … (eine andere Person).
- Ich bin Deutscher, Kanadier, Franzose, Inder …

- Ich bin Christ, Muslim, Buddhist, Atheist …
- Ich habe ein besseres Lebenskonzept, besondere Werte und Anschauungen …

Diese Annahmen führen zu Trennung und Abgrenzung zwischen mir und der Welt, sowohl im Inneren wie auch im Äußeren. Wünsche helfen dem Ich, dessen Identifikation und Fortbestand zu stärken. Indem Verlangen sich offenbart, verbindet es sich mit den gewünschten Objekten. Es benutzt dabei die Methode, eine „Einheit" mit dem Objekt der Begierde herzustellen. Deshalb erkläre ich das Objekt zu „meinem" Es kann aber in Realität nicht „meins" sein. So geht es in der Vorstellungskraft über in den eigenen Besitz. Sie ist „meine" Frau, das ist „mein" Haus, das ist „mein" Beruf, das ist „mein" Glauben usw. So gaukeln wir uns selbst immer wieder die Fantasie einer glücklich machenden „Einheit" psychologisch vor, wann immer eine entsprechende Erinnerung auftaucht.

Über ein Vergnügen nachzudenken kann Lust und Freude erwecken, aber es ist keine direkte Erfahrung an sich. Etwas „Reales" fehlt und ein Gefühl tiefer Zufriedenheit kann deshalb nicht entstehen.

Zufriedenheit durch Dankbarkeit

Zum Beginn meines mehrjährigen Aufenthalts in den USA suchte ich Pandit Rajmani Tigunait auf, den damaligen spirituellen Leiter des dortigen Himalayan Institute of Yoga Science and Philosophy. Wöchentlich bot er für die Bewohner des Ashrams Gesprächstermine über deren Übungsweg an. In der stillen Abgeschiedenheit der Wälder der Poconos ging es mir mental nicht gut, und so ging ich zu ihm.

Ich erzählte von meinen inneren Problemen und Leiden, aber er wirkte damals auf mich eher desinteressiert. „Wir alle haben Probleme", sagte er, und setzte sinngemäß hinzu, dass ich erst einmal einige Zeit im Meditationszentrum leben und arbeiten sollte. Dann würde alles besser werden. Auch der Hinweis, wie schwer ich doch leiden würde, änderte nichts an seiner scheinbar gelangweilten Haltung. In mein Tagebuch schrieb ich an diesem Tag: „Der Typ nimmt mich nicht ernst."

Einige Tage später besuchte ich einen Vortrag von Panditiji, in dem er seine Reise nach Giridih in Indien beschrieb. Sein Lehrer hatte ihm aufgetragen, dorthin zu fahren, um eine Gotteserfahrung zu machen. Giridih im Staate Bihar gehörte zu den ärmsten Gegenden Indiens; eine Bergwerksgegend mit extremer Armut, Hunger und großen Drogen- und Alkoholproblemen. Die Minenarbeiter waren gegenüber den Bergwerksbesitzern so verschuldet, dass sie am Ende eines harten Arbeitstages kaum Geld für eine Handvoll Reis oder Mehl hatten. Viele Arbeiter suchten Erlösung in Alkohol und Drogen, die überall billig und leicht erhältlich waren. So gaben sie das restliche Geld dafür aus, was zu weiterer Not führte. Streit und Gewalt gehörte zum Alltag, begleitet von einem Teufelskreis von Armut und Krankheit.

Ich erinnere mich, wie Panditiji mit Tränen in den Augen sinngemäß zum Publikum sagte: „Und dann kommt ihr zu mir, und erzählt mir, wie schlecht es euch geht. Ihr braucht euch keine Sorgen um Unterkunft und gutes Essen zu machen, ihr habt ein Dach über den Kopf, medizinische Versorgung, wir sind für euch da … und ihr jammert und klagt, wie sehr ihr doch leiden müsst."

Damals wurde ein erster Hebel in mir umgelegt. Die inneren Themen waren unverändert vorhanden, aber mir wurde ein Perspektivwechsel ermöglicht. Ich konnte nämlich erkennen, dass vieles im Leben nicht schlecht oder beklagenswert war; dass ich die Freiheit besaß und sogar eine Einladung, langfristig in einem Yoga-Institut im Ausland zu lernen. Ich hatte Lehrer, die mich unterrichteten; ich musste mich nicht um Essen, Versicherungen, Geld, Steuern, Vermieter und ähnliches kümmern. Obwohl es mir damals nicht vollständig bewusst war, hatte ich den Zustand der Dankbarkeit ansatzweise kennen gelernt.

Zufriedenheit kommt nicht aus den Objekten, die zusätzlich erlangt werden wollen, sondern durch die Erkenntnis, dass vieles bereits vorhanden ist. Der mächtige Schlüssel dafür heißt Dankbarkeit. Wenn wir auf die Vergangenheit zurückblicken, gibt es trotz des oft Schmerzhaften auch Positives, wodurch Dankbarkeit entstehen kann. Sie ist der Türöffner zu einem veränderten Hinterfragen und einem neuen Verständnis der Welt. Sie ermöglicht den Aufbruch zu neuen Ufern und das Verlassen alter hemmender Gedankenmuster. Wir suchen weniger, sondern finden.

Zufriedenheit und Dankbarkeit bedeuten: Annehmen, was jetzt ist und sich nicht für alle Zukunft grämen, dass mancher Wunsch sich nicht erfüllte. Es ist ein Loslassen dessen, was nicht mehr geändert werden kann. Wäre das Leben besser geworden, wenn sich alle Träume realisiert hätten? Das Leben wäre sicherlich anders verlaufen, aber ob es wirklich auch besser gewesen wäre? Was wäre passiert, wenn sich all meine Wünsche erfüllt hätten? Welche Situationen und Menschen wären nicht aufgetaucht, die ich heute nicht missen möchte?

Die Macht der Dankbarkeit macht es möglich:

- liebevoll anzuerkennen, was heute ist,
- zu sehen, was das Leben jetzt an Positivem bietet
- und von dort aus aufzubrechen zu dem, was geändert werden kann und will.

Das ist die Basis des yogischen, unerschütterlichen Gleichmuts. Ganz gleich, um welche Situation und welche Begebenheit es geht, egal ob das Handeln im scheinbaren Erfolg oder Misserfolg endet: Damit ist die Gedankenwelt von Zufriedenheit und einem inneren Lächeln erfüllt. Es liegt an uns selbst, Leid zu beenden und im Inneren eine neue Realität zu erschaffen.

Genügsamkeit im alltäglichen Leben

Setz dich hin und schreib auf, wie viele Wünsche du hast. Und dann wirst du merken, dass du nur wenige Wünsche hast. Lass mich erklären, was Wünsche bedeuten. Heute denkst du, wenn du ein Haus hast, bist du glücklich, aber du wirst es nicht sein. Denn wenn du ein Haus gebaut hast, brauchst du Vorhänge, und dann brauchst du Teppiche, und dann brauchst du Möbel, und letztendlich brauchst du eine Frau, die sich um alles kümmert in diesem Haus. Dann brauchst du Kinder, die in diesem Haus spielen usw. – da gibt es kein Ende. Wünsche bringen neue Wünsche hervor. Es ist besser, mit den Wünschen umzugehen, die richtig für dich sind, und die Wünsche zu vermeiden, die nicht richtig für dich sind. Und wenn du deinen Intellekt schärfst, der unterscheidet, der zu beurteilen weiß, der zu entscheiden vermag, das nennt man Buddhi. Dann bist du in der Lage, den richtigen Wunsch zur richtigen Zeit zu erkennen. Dafür brauchst du einige Lehrer, Studium und Hintergrundwissen. Verwirre dich nicht durch Philosophien. Ein Denker ist kein guter Denker, wenn er sich nicht erlaubt, seine Gedanken in die Tat umzusetzen. Alexander, das Problem mit dir ist: Du denkst zu viel und tust zu wenig. Du musst lernen, eine Brücke zwischen diesen beiden Extremen zu bauen. Manchmal bist du ein großer Heiliger und manchmal bist du ein Teufel. Du solltest besser anfangen zu üben. Durch Übung erlangst du Erfahrung, und die Erfahrung wird dich führen, und dann wirst du glücklich sein. Geh dabei systematisch vor.

SWAMI RAMA[31]

Weniger kann mehr sein. Anstatt ein Dutzend Kugelschreiber auf dem Schreibtisch zu horten reicht es, ein gut funktionierendes Schreibwerkzeug zu besitzen – und dieses sorgsam zu behandeln und zu benutzen. Ein voller Kühlschrank mag nützlich sein, aber braucht es zusätzlich eine große Tiefkühltruhe, wo auf Monate und Jahre im Voraus Lebensmittel gehortet werden? Reichen wenige, saubere Kleidungsstücke von hoher Qualität im Kleiderschrank nicht aus? Muss man sich jeder kurzlebigen Mode und den Sonderangeboten willenlos aussetzen und sie alle konsumieren? Diesen Beispielen könnten noch weitere folgen.

Viel zu besitzen kann Probleme bereiten, zu wenig aber ebenso. Yoga empfiehlt nicht den Rückzug in eine kahle Berghöhle des Himalaya, um Sinn und Erfüllung zu finden. Die Objekte dieser Welt stehen für uns bereit, wollen aber weise verwendet werden. Nicht das Horten nutzloser Dinge ist bedeutsam, sondern ob der Besitz dem Erreichen des Lebensziels dient. Wichtig ist, dass unsere Zufriedenheit nicht gestört wird. Hier finden wir Verbindungen zu Aparigraha (Enthaltung von Gier).

Andererseits ist es wichtig, genügend Anstrengungen zu unternehmen, damit Sadhana, der spirituelle Übungsweg, in Harmonie beschritten wird. Einfach gesagt: Wenn nicht genug Geld für Miete und Lebensunterhalt vorhanden ist, muss man dafür aktiv etwas tun, so schwer die Umstände sein mögen. Die Yogis, die ich bisher kennen lernte, waren hier sehr pragmatisch. Zufriedenheit und Genügsamkeit bedeutet keinesfalls, die Hände in den Schoß zu legen.

Zusammenfassung

* Zufriedenheit kann mehr Ruhe im Leben hervorbringen. Durch die Anerkennung des Erreichten und das Ende des Vergleichens mit anderen entsteht Raum für Freude, Gelassenheit und Dankbarkeit.
* Die Erfüllung von Wünschen bringt nur kurzfristige Befriedigung. Zufriedenheit entsteht in unserem Inneren und ist nicht abhängig vom Erwerb und der Identifikation mit äußeren Objekten.
* Es gibt niemals ein „Genug", bevor wir uns nicht dafür entscheiden. Zufriedenheit ist nicht nur ein Zustand, sondern gleichsam eine ständige Entscheidung.
* Sich zufrieden zu geben oder das bloße Abfinden mit widrigen Lebensumständen („Schuld an allem ist mein schlechtes Karma") hat nichts mit Santosha zu tun.
* Immer nur eines in dem jeweiligen Augenblick zu tun, lässt innere Zufriedenheit wachsen, zum Beispiel in dem jeweiligen Moment nur einen Schritt zu tun, nur einen Schluck Tee zu trinken, nur einen Atemzug zu nehmen. Zufriedenheit entsteht in der Gegenwart, also im Anerkennen und Akzeptieren des Hier und Jetzt. Es gibt keine Suchbewegung nach Zufriedenheit – eher ein spontanes Finden von innerem Frieden.
* Zufriedenheit bedeutet nicht das passive Hinnehmen eines ungerechtfertigten Status Quo. Kranken oder armen Personen einfach zu empfehlen, mit ihrem derzeitigen Zustand zufrieden zu sein, bedeutet nur eine kaltherzige Gleichgültigkeit

gegenüber einem leidenden Mitmenschen. Hier gebietet vielmehr Ahimsa, den Mitmenschen zu unterstützen und dessen Lebensbedingungen zu verbessern.

Abbildung 13: Santosha – Potenziale und Risiken der Zufriedenheit

Potenziale

Zufriedenheit mit dem, was man bereits besitzt; Entwickeln von Genügsamkeit als Tugend

Konzentration auf das Wesentliche, Leben im Augenblick

Pflege des Besitztums

Kein Neid, keine Gier, kein Vergleichen

Dankbares (An-)erkennen eigener Erfolge

Entwicklung von Unterscheidungsfähigkeit

Training zur Zügelung der Sinne

Risiken

Fehlender Antrieb, fehlende Motivation, Inaktivität

Kein Ausschöpfen eigener Potenziale

Schicksalsergebenheit

Falsch verstandener „yogischer Gleichmut", Gleichgültigkeit

Selbstzufriedenheit, gespeist aus dem Leid anderer Lebewesen

Sich mit Ungerechtigkeit abfinden

Ablehnen von Verantwortung für das eigene Leben

147

Tapas – Das Feuer der Selbstdisziplin

Durch Übung von Selbstdisziplin (Tapas) werden Unreinheiten im Körper und den Sinnen beseitigt, sodass Perfektion erreicht wird.

YOGA-SUTRAS, KAP. 2, V. 43

Wo liegen der Sinn und die Bestimmung meines Daseins? Wo verbergen sich meine Potenziale? Welche Überraschungen und Ziele kann das Leben noch bieten? Oder ist dies bereits alles gewesen? Gibt es eine Übungspraxis, die meinem Weg unterstützen kann? Diese wichtigen Fragen untersuchen den bisherigen Lebensweg und können Wandel initiieren. Wenn die Sehnsucht der Sinnfindung wächst, beschreitet man mitunter einen beschwerlichen und steinigen Weg. Feste Entschlusskraft sowie ausreichendes Feuer, Energie und Motivation werden gebraucht, um dann sein gestecktes Ziel zu erreichen.

Tapas lehnt sich von seiner Energie her an den Archetypen des Kriegers, Kämpfers und Helden an. Das Wort Held ist in seiner Bedeutung dem griechischen Wort *haire'tikos* verwandt, was *fähig zu wählen* bedeutet. Was für Eigenschaften könnte ein Kämpfer und Held wählen?

Er …

* besitzt Entscheidungsfreude und -fähigkeit,
* wählt Ziele aus und kann sich auf sie fokussieren,
* baut große Ausdauer auf,
* gibt nicht bei jeder möglichen Ablenkung leichtherzig auf,
* lenkt seine schöpferische Energie auf seine Ziele hin,
* erkennt hinderliche und schädigende Gewohnheitsmuster,
* verwandelt diese in neue, förderliche und stärkende Handlungen,
* setzt mit Mut und Konsequenz das um, was er will, da seine Gedanken, Worte und Taten übereinstimmen.

Mut und Konsequenz bestimmen sein Handeln. Seine Taten formen nicht nur aktiv das eigene Leben, sondern beeinflussen ebenso das Leben seiner Umwelt. Aus seinem Tun entsteht Verantwortung, die er nicht ablehnt. Er übernimmt sie freudig in dem Wissen, dass er für sein Streben nach Veränderung einen Preis zu bezahlen hat. Ein solcher Preis ist Selbstdisziplin, an der er sich erfreut. Sie ist nichts, was er von außen aufgedrückt bekommt, sondern sie ermöglicht es ihm, das Leben in seinen vollsten Potenzialen zu erfahren.

Lass mich nicht bitten
um Schutz vor Gefahren,
sondern um den Mut,
ihnen die Stirn zu bieten.

Lass mich nicht bitten
um Stillung meines Schmerzes,
sondern um die Herzenskraft,
ihn zu bezwingen.

Lass mich nicht ausschauen
nach Verbündeten auf dem Schlachtfeld des Lebens,
sondern nach meiner eigenen Stärke.

Lass mich nicht in zitternder
Furcht nach Erlösung lechzen,
sondern hoffen, durch Geduld
meine Freiheit zu gewinnen.

RABINDRANATH TAGORE

Selbstdisziplin, Gebote, Askese, Selbstbeschränkung, Zucht, Läuterung: Allein die Aufzählung dieser Begriffe mag manches Unbehagen hervorrufen. In Wirklichkeit ist Tapas, das dritte Niyama, ein wertvolles Werkzeug, das das Leben sehr erleichtern und erfüllen kann.

Ein einfaches Dasein ohne viel sinnliche Zerstreuungen, eine gesunde Kombination von Ernährung, Reinigung, Bewegung sowie Aktivitäten, die zum Wohle der Mitmenschen dienen, sind Komponenten der Übungspraxis von Tapas. Die eigentliche Herausforderung besteht in der Transformation festgefahrener Gewohnheiten. Wiederholte Routinen erleichtern zwar unser Leben, indem sie uns sicher durch den Alltag leiten und uns zuverlässig einen großen Teil von Entscheidungen abnehmen – aber im selben Maße konditionieren sie uns und lassen uns weniger spontan agieren, da so in eingefrorenen, mechanischen Strukturen gedacht und gehandelt wird.

151

Routine macht blind für Alternativen. Intensiv berührt daher Tapas eingefahrene, ständig sich wiederholende und automatisierte Lebensabläufe, Denkstrukturen und Verhaltensweisen. Es nimmt eine wichtige Schlüsselrolle innerhalb der zehn Lebensempfehlungen ein. Egal wie man Tapas umschreibt, ob

- als Tor zur Willensstärke,
- als Kraftstoff für eine selbst gewählte Disziplin,
- als Kontrolle von Geist, Körper und Sinnesorganen,
- als Läuterung von nicht förderlichen Verhaltensweisen,
- als spirituelles Werkzeug zu einem freieren Leben
- oder als kraftvoller Weckruf aus alten Gewohnheiten.

Tapas provoziert einerseits Beharrung und Widerstand und fördert andererseits notwendige Veränderung. Ziele im Yoga und im Leben sind ohne Umsetzung dieses Niyamas nur schwer erreichbar.

Veränderung bedeutet Reibung zwischen Altem und Neuem. Die Bedeutung des Wortes *tap* lautet *erhitzen, kochen*; die Wortwurzel *tap* bedeutet auch *scheinen, erhitzen* und heiß sein. Tapas entfacht ein innerliches Feuer, durch das alte Verhaltensweisen gereinigt werden und vergehen. Diese Energie ist mit ungewohntem „Schweiß" und Anstrengung verknüpft und wird daher als sehr intensiv wahrgenommen.

Ohne Jammern, Klagen und Murren, mit freien und festen Willen, mit Liebe und Hingabe, täglich über eine lange Zeit ungewöhnliche und ungewohnte Handlungen auszuführen ist der Kern von Tapas. Man übt für niemand anderen als für sich selbst. Diese innere Einstellung gibt Tat-Energie und Tat-Kraft. Es ist die Kraft der Selbstdisziplin, die aus innerer Einsicht um die positiven Wirkungen der Übung entsteht und uns dem Höheren Selbst näher bringt.

152

Abbildung 14: Potenziale und Risiken der Selbstdisziplin

Kraft
Disziplin
Hitze
Ausdauer
Läuterung
Begeisterung
Engagement
Motivation

Potenziale	Risiken
Kontrolle von Gedanken, Sprache, Handlungen	Rigidität, Verbissenheit, Starrsinn, extremer Perfektionismus
Entwickeln von Unterscheidungsvermögen (Buddhi); die richtige, bewusste Wahl einer Übungspraxis	Askese in Form von Abkehr von der Welt
Bildung von Willensstärke (Sankalpa Shakti)	Selbstgerechtigkeit, Überheblichkeit, Dogmatismus, Selbstüberschätzung
Wecken verborgener Potenziale, Wecken und Förderung von Motivation	Verletzendes Übertreten der eigenen Grenzen
Erreichen von Zielen, Erwerb von Kompetenzen	Nicht das richtige Maß finden, überhitzen und ausbrennen
Entdecken von Ungewohntem und Unbekanntem, Ablegen von Gewohnheiten	Unterdrückung von Gedanken und Gefühlen
Freude und Zufriedenheit durch selbst gewählte Selbstdisziplin	
Diszipliniertes, beharrliches und ausdauerndes Üben über lange Zeit – mit Liebe, Hingabe und Willenskraft	

Auch der innere Schweinehund namens Bequemlichkeit ist nicht leicht bezwingbar. Er lässt uns um alle größeren Anstrengungen einen weiten Bogen machen und heißt jede Ablenkung herzlich willkommen. Wir Menschen sind oftmals geneigt, uns das Leben so einfach und vergnüglich wie möglich zu gestalten. Dabei setzen wir innerlich gleich, was sich „angenehm" und was sich „gut" anfühlt. Beide Begriffe tragen aber eine unterschiedliche Bedeutung in sich: Was angenehm ist, muss nicht automatisch gut sein, und was gut tut, muss nicht zwingend angenehm sein. Um es durch ein Beispiel zu verdeutlichen: Der Besuch beim Zahnarzt mag sicherlich nicht angenehm sein, aber für den Erhalt unserer Zähne ist es sinnvoll, ihn regelmäßig aufzusuchen. In der *Katho Upanishad* beschreibt Yama, der Herrscher des Todes, dass es auf der Welt zweierlei Dinge gibt: Die einen sind gut (Shreya), und die anderen sind angenehm (Preya) – und diese beiden beeinflussen die Menschen. Der Weise akzeptiert das, was gut ist, der Unwissende verbleibt bei dem, was angenehm ist.

Die Wörter *shreya* und *preya* stehen für zwei gegensätzliche Tendenzen: *gut* führt *zum höchsten Gut*, also zum höchsten Wissen, zu Bewusstsein, Freiheit und Furchtlosigkeit. *Angenehm* bedeutet, dass hier den Sinnesobjekten wie Reichtum, Menschen und generell dem Materiellen mehr Beachtung zuteil wird. Es liegt bei uns, zwischen beiden zu wählen.

Idealerweise sollte das Leben zu jedem Augenblick von Zufriedenheit erfüllt sein. Am Angenehmen sich erfreuen, die kleinen und großen Freuden wertschätzen – Leben braucht keine Kasteiung sein. Aber die Konsequenzen von Handlungen (Karma) müssen irgendwann zu der Erkenntnis führen, dass äußere Dinge vergänglich sind und das scheinbar Angenehme nicht zum endgültigen Glück führt.

Einige Menschen in meinem Familienkreis sind starke Raucher seit früher Jugend an. Sie bekennen sich offen und gerne zum Rauchen als eine kleine Freude und Ablenkung im Alltag. Obwohl die Gefahren des Rauchens ihnen bewusst sind und sich bereits massive körperliche Beschwerden zeigen, rauchen sie jeden Tag weiter und entscheiden sich für jede neue Zigarette. Egal ob bewusst oder unbewusst führen sie ihre destruktiven Gewohnheiten fort. Selbstdisziplin kann auch im Sinne von Durchhalten, Ertragen, Aushalten oder Annehmen gedeutet werden – das oben genannte Beispiel fällt nicht unter diese Definition.

Die zentrale Frage lautet: Was ist förderlich, was ist nicht förderlich auf meinem Lebensweg? Mit der Umsetzung von Tapas löst sich der Widerspruch zwischen dem, was wir denken und fühlen und unserem anschließenden Tun. Überspitzt gesagt: Ich muss mir nicht alles von mir (nämlich von den Gewohnheiten meines Geistes) widerstandslos gefallen lassen. Mit genügend Selbstdisziplin kann ich gegen selbstzerstörerische Tendenzen in mir (wie in dem Beispiel: das Rauchen) zu Felde ziehen.

Unterscheiden, entscheiden und umsetzen ist für mich der Dreiklang, der das Wesen von Tapas am besten beschreibt. Wenn dieser Akkord dissonant klingt, wird die innere Harmonie gestört und die Erreichung unserer Ziele gefährdet.

Abbildung 15: Was geschieht durch die Herausforderung von Tapas?

Innere Veränderung
- Wandel von Sichtweisen, Bewertungen und inneren Einstellungen
- Erkennen bisheriger Zwänge, Automatismen und Weltbilder

Äußere Umsetzung
- Tatsächliche Realisierung durch Transformation
- Verlernen bisherigen Verhaltens
- Lernen und Einsetzen neuer Verhaltensweisen

Wachstum und Reife
- Wachstum: Möglichkeit des Erwerbs zusätzlicher Verhaltensalternativen
- Freie Wahl („Buddhi") durch das Erkennen von Alternativen

155

Selbstdisziplin vs. Disziplin von außen

Menschen werden manchmal als „Gewohnheitstiere" bezeichnet. Sind Gewohnheiten nützlich? Man könnte sie am ehesten mit Muskeln vergleichen. Bei konstanter Übung nehmen Muskeln an Umfang zu. Wenn regelmäßiges Training aus irgendeinem Grunde nachlässt, lässt auch ihre Spannkraft nach. Zu ihrer sinnvollen Entwicklung sind sowohl Disziplin als auch Unterscheidungsfähigkeit und das Wissen notwendig, welche Körperübungen am besten für die Bildung bestimmter Muskelgruppen geeignet sind.

Wenn man Fähigkeiten und Talente weiterentwickeln will und sich dabei ausschließlich auf seine momentane Stimmung oder die Gunst der Stunde verlässt, kommt man in der Regel nicht weit. Hier wird Selbstdisziplin benötigt, die im yogischen Sinne keine Strafe darstellt. Tapas gehört wie selbstverständlich zum Leben, um auftauchende Hindernisse und alte Automatismen zu überwinden sowie Neues zu entdecken. Es hilft Schwere (Tamas) in Körper und Geist zu reduzieren, indem Hitze / Feuer (Rajas) durch tapasische Übung hinzugeführt wird. Durch erfolgreiche Anstrengungen gelangen Leichtigkeit und Klarheit (Sattva) ins Dasein.

Selbstdisziplin besitzt Facetten des Tun-Dürfens und des Tun-Müssens. Wenn ich beispielsweise gesund bin und Hatha-Yoga als Präventivmaßnahme und als Ausgleich betreibe, kann meine innere Einstellung in etwa so lauten: „Ich darf Hatha-Yoga machen. Ich muss es nicht unbedingt tun. Es erfordert auch etwas Anstrengung und Mühe. Ich bin ein freier Mensch, und es ist meine freiwillige Entscheidung. Es ist mein freier Wille: Ich darf!" Bei bereits eingetretener Krankheit entsteht eine Art Zwang, etwas für die Gesundheit zu tun. Der Not folgend sind meine Aktionen dann vielleicht eher widerstrebend. „Ich muss" lässt selten Freude und Spaß aufkommen. Trotzdem scheint nun eine Anstrengung notwendig.

Wenn uns Disziplin zusätzlich von außen durch sogenannte Experten oder Freunde „aufgedrückt" wird, sinken der Wille zur Umsetzung und die Motivation eventuell gegen Null. Niemand ändert sich auf Kommando. Disziplin ist daher keine Disziplin, wenn sie nicht von der eigenen inneren Stimme unterstützt wird.

Tapas bedeutet, einerseits von wechselnden Launen und Stimmungen unabhängig zu sein und andererseits der eigenen *tamasischen* Trägheit durch *rajasische* Handlungen Paroli zu bieten. Es bedeutet, die Fähigkeit und Stärke zu entwickeln, das zu tun, was man tun möchte und was zudem sinnvoll und förderlich ist. Dies geschieht nicht aus einer flüchtigen Laune heraus, sondern aus eigener Einsicht und mit Unterscheidungsvermögen. Es mag allerdings ein weiter Weg dahin sein. Man darf nicht erwarten, leichtfüßig zu tanzen, bevor man überhaupt Gehen gelernt hat.

Disziplin bildet einen mächtigen Schutzwall gegen destruktive Tendenzen im Geist. Es bedeutet, deutlich „Nein" sagen zu können, aber nicht in Bezug zu anderen, sondern zu sich selbst. Das ist die Herausforderung in der Selbst-Transformation. Es fällt relativ leicht, einem Mitmenschen zu sagen: „Tu dies nicht, tu das nicht, das ist nicht gut für dich", aber schwerer ist es, die eigenen Maßstäbe auch sich selbst gegenüber anzuwenden.

Eine Mutter kam eines Tages mit ihrem kleinen Kind und der Bitte zu Gandhi, dass er ihm Süßigkeiten verbieten sollte. Auf ihre Vorhaltungen reagierte das Kind nicht. Gandhi überlegte kurz und schickte beide mit der Bitte weg, in zwei Wochen wiederzukommen. Als sie wieder vor ihm standen, sagte er zu dem Kind: „Iss keine Süßigkeiten mehr!" Die Mutter war verwundert, warum er dies dem Kind nicht schon vor 14 Tagen gesagt hatte. Gandhi antwortete lapidar: „Damals habe ich selbst noch Zucker gegessen."

Sankalpa Shakti – Die gerichtete Willenskraft

Manchmal gelangen Menschen zu der Erkenntnis, dass sie nicht mehr im alten Trott weiterleben wollen. Eine Veränderung wird dringend angestrebt, um zu neuen Ufern aufzubrechen. Trotzdem mag sich der Erfolg der Bemühungen nicht sofort einstellen, denn gute Vorsätze allein reichen nicht aus. Die Vergangenheit begleitet uns eine Zeitlang in Gedanken, Worten und Taten (durch alt herge-brachte Abläufe, Verhaltensmuster und Annahmen). Wer in eine Pfütze gefallen ist und im Wasser liegt, muss zu-nächst die Hände im Schlamm aufstützen, um wieder aufzustehen. Die Kleidung muss gewaschen werden, wir werden uns reinigen, neue Kleidung aussuchen und anlegen. Das benötigt Zeit. Wir müs-sen den festen Entschluss fassen, uns aus der Pfütze zu erheben – und nicht wieder hineinzufallen.

Wenn Freunde, Partner, Verwandte oder andere Menschen uns auf unserem Weg dauerhaft und ohne Aussicht auf wirkliche Verän-derung behindern, braucht es Zeit für Abnabelung und Neuorien-tierung. Die Vergangenheit bindet und entwickelt ein großes Behar-rungsvermögen. Die Gründe dafür liegen eher im Inneren, versteckt als Anhaftung, Bequemlichkeit und Angst vor Neuem, mag das Alte auch noch so schlimm sein. Um der Stagnation zu entrinnen, braucht es Kraft, Mut und Selbstvertrauen und den brennenden Wunsch, sein zeitlich bemessenes Leben nach eigener Vorstellung zu gestalten. Diese gerichtete Willenskraft wird im Yoga Sankalpa Shakti genannt. Salopp gesagt bedeutet dies: Ich will es tun, ich kann es tun, ich werde es tun.

Wie wird Willenskraft kultiviert? Im ersten Schritt der Selbstbe-obachtung wird registriert, wie Gedanken zu Handlungen führen. Dann beginnen zunächst kleine, undramatische Experimente. Wir entscheiden, etwas zu tun, aber abseits vom Gewohnten in einer leicht abgewandelten Art und Weise, beispielsweise:

- zehn Minuten früher aufstehen,
- abends weniger oder gar nichts essen,
- einen Tag in der Woche zu fasten,
- in die gewohnte reguläre Yoga-Routine Übungsteile integrie-ren, die man sonst vermeidet,
- einmal in der Stunde auf seinen Atem zu achten,
- vor jeder Mahlzeit kurz in die Stille gehen.

Weniger entscheidend ist, was getan wird. Wichtiger ist, dabei zu bleiben und die gewählte Aktion fortzusetzen. Durch bewusste und freiwillige Veränderung einer Gewohnheit wird Sankalpa Shakti aufgebaut.

Dabei können plötzliche Rückschläge zu jeder Zeit auftreten. Plötzlich erscheint dann Gegenverkehr in Form unbewusster Automatismen. Manchmal dauert es mehrere Monate, um eine neue Gewohnheit fest zu etablieren. Nach einiger Zeit kann man sich ein höheres Ziel setzen, dieses in kleine Teilschritte aufbrechen und Schritt für Schritt angehen. Falls Frustration und das negative Gefühl auftaucht, es nicht geschafft zu haben, mag ein Rückblick in Liebe und Vergebung (Ahimsa) und Dankbarkeit (Santosha) hilfreich sein. Dann werden solche Schritte und Teilziele, die bereits erreicht wurden, wieder sichtbar.

Je mehr wir experimentieren und je öfter diese Übungen erfolgreich beendet werden, umso mehr wächst eigenes Selbstvertrauen und Willenskraft. Dies hilft sowohl, den Schwierigkeiten und Hindernissen im Leben erfolgreich zu begegnen als auch bei der Umsetzung spiritueller Praxis im Alltag (Sadhana).

Tapas im Licht der drei Gunas

Auf meinen Reisen in Indien traf ich auf Dornen und Nägeln liegende Fakire, die auf zahlreiche Geldspenden der Zuschauer hofften. Es gibt Menschen in Indien, die jahrelang auf einem Bein stehen, sodass das andere Bein verkümmert. Andere wickeln ihren Penis um einen Stab und quetschen ihre Hoden, um zu zeigen wie viel Schmerzen sie ertragen können. Manche Menschen genießen auch selbst zugefügte Schmerzen. Dies ist kein Tapas, sondern extreme Selbstgeißelung.

Es gibt deutliche Unterschiede zwischen angemessener Anstrengung und selbstzerstörerischer Quälerei. Härte und Gewalt gegenüber der eigenen Physis verstoßen gegen das ethische Prinzip des Nicht-Schädigens. Letzteres wird als tamasisches Tapas angesehen. Spirituelle Praktiken sollten weder schmerzvoll noch unerträglich schwierig sein, da die Gefahr einer Verletzung des Körpers groß sein kann.

Die Askese (Selbstdisziplin), welche um Auszeichnung, Hochachtung (Respekt) und Verehrung willen und in Prahlerei (Eitelkeit) sowie unregelmäßig und unbeständig geübt wird, nennt man rajasartig.

Die Askese (Selbstdisziplin), welche in törichter Absicht mit Selbstquälerei oder zum Zweck der Benachteiligung eines andern geübt wird, wird tamasartig genannt.

BHAGAVAD GITA, K. 17, V. 18 F.

Selbstdisziplin im Sinne von rajasisch bedeutet, dass man sich und seine Übung zur Schau stellt und Anerkennung von außen sucht. „Ich habe bereits einen Monat keine Schokolade gegessen, kein Fernsehen geguckt und mich mehr bewegt. Man lobe mich und sage mir, wie gut ich bin!" Hilft mir Angeben wirklich weiter? Bestätigung des Egos kann zusätzlich motivieren, aber was passiert wenn die Rückmeldungen ablehnend sind? Ist der Mut vorhanden, die eigene Übungspraxis auch dann weiter aufrechterhalten? Um dieser Falle auszuweichen ist es hilfreich über Tapas Stillschweigen zu bewahren.

Sattvisches Tapas wird in der *Bhagavad Gita* dreifach unterteilt: in die Askese des Körpers, der Sprache und des Geistes. Wenn sie von Menschen mit tiefem Glauben praktiziert werden, die keine Belohnung erwarten und keinerlei Erwartungen in sich tragen, werden die Übungen als sattvisch bezeichnet.

Verehrung der Götter, Brahmanen, Lehrer und Weisen, Reinheit, offenes Benehmen, Enthaltsamkeit und niemandem Leides tun, wird die Askese des Leibes (Körpers) genannt.

Diejenige Rede, welche keine Aufregung bewirkt, die wahr, freundlich und wohlwollend ist, sowie die Übung des Veda-Hersagens (japa = Mantra-Wiederholung) wird die Askese des Wortes (Sprache) genannt.

Heiterkeit des Gemüts, Milde, Schweigsamkeit, Selbstbeherrschung, Reinheit der Gesinnung, dies wird Askese des Herzens (Geistes) genannt.

BHAGAVAD GITA, K.17, V. 14 – 16

Abbildung 16: Selbstdisziplin im Lichte der drei Gunas

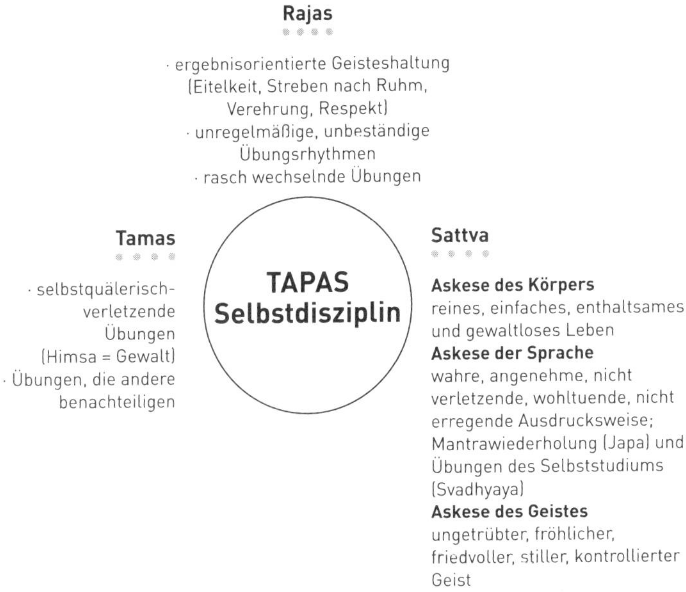

Rajas
· · · ·

· ergebnisorientierte Geisteshaltung
(Eitelkeit, Streben nach Ruhm,
Verehrung, Respekt)
· unregelmäßige, unbeständige
Übungsrhythmen
· rasch wechselnde Übungen

Tamas		**Sattva**
· · · ·		· · · ·

**TAPAS
Selbstdisziplin**

Tamas
· · · ·

· selbstquälerisch-
verletzende
Übungen
(Himsa = Gewalt)
· Übungen, die andere
benachteiligen

Sattva
· · · ·

Askese des Körpers
reines, einfaches, enthaltsames
und gewaltloses Leben
Askese der Sprache
wahre, angenehme, nicht
verletzende, wohltuende, nicht
erregende Ausdrucksweise;
Mantrawiederholung (Japa) und
Übungen des Selbststudiums
(Svadhyaya)
Askese des Geistes
ungetrübter, fröhlicher,
friedvoller, stiller, kontrollierter
Geist

Die Übungspraxis von Tapas

*Wenn dein Ziel groß ist und deine Mittel klein, handele trotzdem.
Durch dein Handeln allein werden auch deine Mittel wachsen.*

SRI AUROBINDO[32]

Wie sollte Tapas geübt werden? Dies hängt sowohl vom Zustand unseres Körpers und Geistes als auch von den gesteckten Zielen ab. Wer noch nie meditierte, sollte nicht plötzlich drei Stunden am Tag sitzen. Wer aufgrund von Knie- und Hüftproblemen nicht auf dem Boden meditieren kann, sollte sich nicht in eine unbequeme Sitzhaltung zwängen. Die Verletzungsgefahr ist zu groß, und damit die Gefahr, das angestrebte Ziel – nämlich ein ruhiger und entspannter Geist – auf lange Zeit zu verfehlen. Überforderung und Unterforderung sind zu vermeiden; dennoch sollte man sein Bestes geben. Das

161

ist das Spannungsfeld der Selbstdisziplin, in dem sich die Risiken und Potenziale dieser Lebensempfehlung befinden. Trotzdem sollten wir ein Ziel ins Auge fassen und den Kurs beibehalten. Stellen wir uns vor, wir möchten nach München fahren. Mein Auto ist vollgetankt. Auf der Höhe von Kassel entscheide ich mich Richtung Berlin zu fahren, weil ich das immer schon mal sehen wollte. Auf dem Weg nach Berlin erwäge ich die Vorzüge von München und kehre wieder um. Sämtliche Orte, die auf der Strecke nach München liegen, inspirieren und verführen mich zu einem Richtungswechsel. Mein Tank ist bald leer und ich bin keine nennenswerte Strecke weitergekommen. Mein Wagen bleibt ohne einen Tropfen Benzin auf der Autobahn liegen. Hat sich der ganze Energieaufwand gelohnt?

Neues will erlernt und Altes verlernt werden. Geist und Körper sollten eine veränderte Richtung einschlagen – dies erfordert Geduld und liebevolle Zuneigung zu sich selber. Rom ist nicht an einem Tag erbaut worden. Üben Sie keinen übermäßigen Druck auf sich selbst aus: „Ab morgen jogge ich jeden Tag 10 Kilometer, esse keine Süßigkeiten mehr und werde nicht mehr so viel reden." Seien Sie eher freundlich zu sich und zu anderen. Freundlichkeit in einer Welt der ausgefahrenen Ellenbogen ist bereits eine Stärke an sich.

Disziplin bedeutet, seine Werkzeuge entsprechend seiner Kapazität und Ausdauer sinnvoll einzusetzen. Mit zunehmender Übungspraxis wird beides immer mehr wachsen, wenn Ablenkungen und Störungen langsam immer mehr abnehmen. Achtsamkeit und Konzentration sind zwei der Erfolgsfaktoren für Tapas. So erschließt sich nach und nach die Freude und der Sinn der gewählten Übung.

Wenn man einmal eine Übung nicht gemäß seiner Erwartungen geschafft hat, ist es wichtig, sich das zu vergeben. Vielleicht war das gesteckte Endziel zu hoch und zu ambitioniert? Allein einen Anfang gemacht zu haben ist ein wertvoller Schritt. Auch das Erreichen einer einzigen Etappe kann bereits ein erster Erfolg sein.

Trotzdem mag der Anfang schwierig sein. Wie schwer war das Zähneputzen als Kind? Heute ist es selbstverständlich. Der Verzicht auf Kaffee war kaum auszuhalten, nun liebe ich grünen Tee. Zu

Anfang war ein Fleischverzicht nicht vorstellbar, heute sehe ich mir nicht einmal mehr die entsprechende Speisekarte im Restaurant an. Diese Beispiele sollen nur eines aufzeigen: Der Anfang mag anstrengend sein, der Rest wird sich Schritt für Schritt positiv entwickeln.

Hier [in der Übung des Yogas] ist kein Bemühen vergeblich, noch gibt es die Möglichkeit des Scheiterns; selbst das Üben eines kleinen Teils dieser Disziplin schützt vor großer Gefahr.

BHAGAVAD GITA, KAP. 2, V. 40

Essen ist einer der vier Grundantriebe im Menschen und erschließt ein reiches Übungsfeld für Selbstdisziplin. Sattvisches Essen in richtiger Menge mit ausreichend Zeit für die Verdauung ist für viele Menschen nicht selbstverständlich. Essgewohnheiten zu beobachten und zu verändern – dies ist leicht als Übung in den Alltag zu integrieren, ohne zusätzliche Übungszeit aufwenden zu müssen. Tapas kann bedeuten, möglichst ausschließlich ausgewogene, angenehme und reine (sattvische) Nahrung zu sich zu nehmen. In der *Bhagavad Gita* wie in der Hatha-Yoga-Pradipika werden zu diesem Zweck eine Reihe von Lebensmitteln empfohlen.

Ernährung und Reinigung sind wie zwei Seiten einer Medaille. Beides hat seine ganz eigene Zeit. Fasten ist eine von Yogis oft empfohlene Tapas-Übung, um die Gesundheit zu stärken. Eine Annäherung an das Fasten ist beispielsweise möglich, wenn abends um 18 Uhr die letzte leichte Mahlzeit eingenommen wird und am nächsten Morgen das Frühstück um 8 Uhr. Konsequent wird etwa 14 Stunden auf Nahrungsaufnahme verzichtet und der Verdauungstrakt in seiner regelmäßigen Arbeit entlastet. Im englischsprachigen Raum nennt man das Frühstück daher *breakfast*, also *Fasten brechen*.

Durch Tapas werden Unreinheiten im Körper aufgelöst und die Kräfte des Körpers und der Sinne gestärkt, sagen die Yoga-Sutras. Selbstdisziplin und Reinigung kombiniert geübt, sind für die kör-

163

perliche Gesundheit förderlich, ebenso sehr wie Perioden der Stille und der Meditation dem geistigen Wohlbefinden helfen.

Um ungewohnte Dinge zu tun, die uns ein wenig Unbequemlichkeit abverlangen, muss nicht weit geschaut werden: Berufs- und Familienleben sowie der häusliche Alltag geben reichlich Gelegenheiten für erste Schritte. Abwaschen, Staubwischen, Toiletten säubern, Müll entsorgen, Entrümpeln, Unkraut jäten, Gießen usw. – also profane Handlungen, die manchmal (bei diesen Beispielen insbesondere für uns Männer) etwas „unter unserer Würde" erscheinen oder aus Bequemlichkeit gerne anderen überlassen werden. Auch im Berufsleben kann man unbequeme Aufgaben zu Ende führen und sich darauf konzentrieren, selbst wenn man keine Lust dazu hat.

Mit Spaß sollten wir die Aufgaben durchführen, die das Leben und der Arbeitsalltag bringen. Unabdingbare Aufgaben werden besser freiwillig bearbeitet, mit Freude und der inneren Einstellung des Dürfens, anstatt gezwungenermaßen ohne Spaß, in dem Arbeitsmodus der inneren Kündigung und mit der aufgezwungenen Einstellung des Müssens.

Wenn wir Tätigkeiten nicht gerne vollbringen, liegt es mitunter daran,

* dass wir keinen Sinn darin erkennen
* oder sie uns zu langweilig erscheinen
* oder wir diesen Aufgaben einen niederen Status zuweisen.

Aber jede Handlung hat einen verborgenen Sinn und ist Teil eines Puzzles. Gäbe es diese Aktion nicht, könnte man dieses Puzzle sinngemäß nicht komplett an eine Wand hängen. Tapas erlaubt einen Blick hinter die Kulissen, anstatt uns im alten Trott zu belassen. Das führt zu Fragen, die Alternativen aufzeigen und uns ermöglichen können, neue Handlungen zu wählen.

Mit ausreichend Energie und freiwilliger Selbstdisziplin versehen wird die spirituelle Reise fortgesetzt. Im nächsten Schritt studieren wir die innere Landkarte, um Hilfe dafür zu erhalten, das gewünschte Ziel zu erreichen. Wir wollen Gewissheit erlangen, dass wir uns auf der richtigen Straße befinden. Es ist Zeit, den Endpunkt unserer Reise noch stärker ins Auge zu fassen. Der Augenblick ist nun gekommen für Svadhyaya, das Selbst-Studium.

Zusammenfassung

* Selbstdisziplin beginnt mit kleinen Übungen, zum Beispiel damit, uns einen Espresso oder ein Stück Schokolade zu versagen. Wir verschieben den Genuss auf später und beobachten, wie Impulse des Verlangens aufsteigen, anstatt dem Verlangen sofort nachzugeben. Schritt für Schritt verschwinden die Wünsche, eventuell bis zur kompletten Entsagung von schädlichen Dingen. Diese Herausforderung wird begleitet durch Impulse der Frustration, wenn wir das Gewollte nicht gleich bekommen. Es brodelt in uns, wir kochen innerlich. Diese brennende Energie ist die Energie der Selbst-Transformation, die alte, nicht förderliche Anhaftungen verbrennt und von alten Fesseln und von Selbstfrustration befreit. Erst kommt das Feuer, dann das Licht.
* Es gibt nicht „die eine" Tapas-Übung. Was für den einen eine intensive Übung und Herausforderung sein mag, ist für den anderen bereits Gewohnheit und daher gar keine Herausforderung. Selbstdisziplin als Übungspraxis ist eine individuelle Praxis. Vergleiche mit anderen Menschen können das eigene Üben durchaus erschweren.
* Tapas hat nichts mit guten Vorsätzen zu tun, die leichtfertig und mit bester Absicht gefasst, kurze Zeit später jedoch kleinlaut und kleinmütig gebrochen werden. Sich anfangs zu hochgesteckte Ziele zu setzen mag jedoch belastend sein und den Erfolg der Übung gefährden. Kleine Schritte führen auch zum Ziel. Selbstdisziplin bedarf Mut und Geduld.
* Durch Tapas ist sowohl mentale wie physische Stärkung möglich, zum Beispiel durch eine intensivere Asana-Praxis. Wir

werden kräftiger und belastbarer. Trotzdem ist auf mögliche Rigidität in der Übung und Verletzungsgefahr sehr zu achten.

* Selbstdisziplin ermöglicht in unserem Verhalten eine Wahl, nämlich in solchen Bereichen des Lebens, in denen wir vorher glaubten, keine Wahl zu haben. Selbstvertrauen kann wachsen, wenn ich die Zukunft eigenhändig gestalte und dabei den etwas anstrengenden Weg wähle. Ich gehe ins Unbekannte und wachse an den Herausforderungen, ohne mich blindlings zu verausgaben.

Svadhyaya – Das Selbst-Studium

Das Selbststudium (und die stille Wiederholung des angenommenen Mantras) führt zu der Verbindung mit der persönlich gewählten Gottheit.

YOGA-SUTRAS, KAP. 3, V. 44

„Selbsterkenntnis ist der erste Schritt zur Besserung", meinte manchmal mein Vater ironisch, wenn ich etwas falsch machte und anschließend meinen Fehler einsah. Ich konnte die resultierende Erkenntnis nun nutzen, und mit etwas Einsicht und Willensstärke würde ich diesen Fehler nicht wiederholen. So lebt und lernt man aus Erfahrungen. Solche, die direkt gemacht werden, haben normalerweise tieferen Einfluss als jene Erfahrungen, die aus zweiter Hand kommen (zum Beispiel über Bücher, Zeitschriften, Ratschläge von Freunden, Kollegen, Weggefährten). Wenn die Konsequenzen von Handlungen real gespürt werden, ist der Grundstein für notwendige Veränderung gelegt.

Zum Zweck der Selbsterkenntnis und um sinnerfüllter und glücklicher zu leben,

- untersuchen wir Verhaltensweisen und Gewohnheiten,
- hinterfragen unsere Ziele, Pläne und Visionen,
- analysieren Gedanken, Gefühle, Assoziationen und Fantasien
- oder ziehen eventuell Therapeuten hinzu, um Traumata aus bewusster oder unterbewusster Vergangenheit aufzuarbeiten.

Wir studieren uns, um uns selbst besser zu verstehen.

Im Westen wird Selbststudium als Suche nach dem Verborgenen der eigenen, individuellen Persönlichkeit interpretiert. Dieses Lernen kann verschiedene Ausprägungen annehmen – beispielsweise durch Coaching-Prozesse in der Wirtschaft, wo das Verhalten des Klienten mit dem Ziel höherer Arbeitsleistung, besserer Kommunikationsfähigkeit und gesteigerter Teamfähigkeit analysiert wird.

Mit solchen Werkzeugen kann das Arbeits- und Privatleben oftmals stabiler, gesünder und glücklicher gestaltet werden. Durch das Verständnis, warum wir uns in bestimmten Situationen so oder so verhalten, kommen wir einen Schritt weiter. In diesem Sinne sind diese Methoden nützlich, aber gleichzeitig stark ergebnisorientiert. Eine Analyse solcher Art beschreibt jedoch nicht den Kern von Svadhyaya. Um dessen Bedeutung zu erforschen, werden wir uns diesem Thema von einem anderen Blickwinkel her nähern.

Georg Feuerstein, anerkannter Yoga-Buchautor, übersetzt *sva* mit *eigen* und *adhyaya* mit *hineingehen*. Er interpretiert Svadhyaya als die persönliche Versenkung in den verborgenen Sinn spiritueller Schriften. Damit ist nicht das verstandesmäßige und intellektuelle Lernen oder Verstehen gemeint, sondern tiefes meditatives Nachdenken über Wahrheiten, wie sie von den Sehern und Weisen einst gesehen und empfangen wurden.

Rolf Sovik übersetzt den ersten Teil *sva* als *Selbst*. Der zweite Teil *dhyaya* entstammt der Wortwurzel *dhyai*, was bedeutet *zu kontemplieren* oder *über etwas tiefer nachdenken*. Dieses Selbst ist unser innerster, spiritueller Wesenskern. Als frei von aller Angst und Furcht wird der Suchende beschrieben, wenn dieses Ziel vom ihm freigelegt und realisiert wurde. Auf dem Weg zum Höheren Selbst – vom Äußeren zum Inneren, vom Grobstofflichen zum Feinstofflichen – durchdringt der Yogi in seinem Selbst-Studium mehrere Koshas (Hüllen, Schichten), die den Wesenskern umgeben und verdecken.

Abbildung 17: Die Koshas – Das Fünf-Hüllen-Modell des Yoga

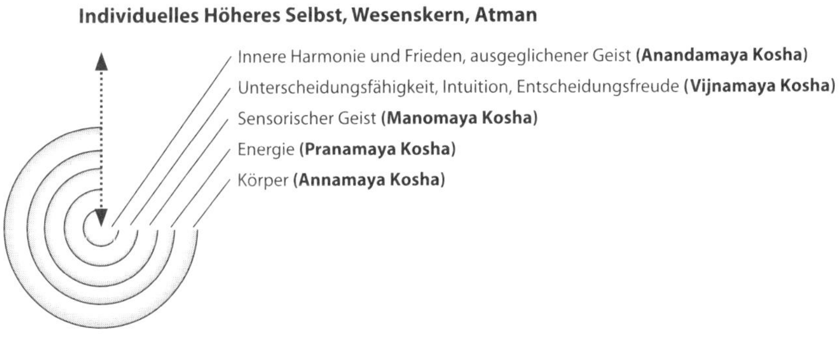

Individuelles Höheres Selbst, Wesenskern, Atman

Innere Harmonie und Frieden, ausgeglichener Geist **(Anandamaya Kosha)**

Unterscheidungsfähigkeit, Intuition, Entscheidungsfreude **(Vijnamaya Kosha)**

Sensorischer Geist **(Manomaya Kosha)**

Energie **(Pranamaya Kosha)**

Körper **(Annamaya Kosha)**

In der Reihenfolge der Niyamas steht das Selbststudium zwischen der Selbstdisziplin und der Hingabe an das Göttliche. Tapas beinhaltet Ernährungsempfehlungen, Körperübungen, mentale Zurückhaltung und Übungen zur Umwandlung und Disziplinierung von Gedanken, Gefühlen und Gewohnheiten. Ishvara Pranidhana bedeutet u.a. die Früchte und Ergebnisse seiner Handlungen dem Göttlichen ohne jegliche Anhaftung hinzugeben.

Warum ist das Selbststudium an dieser Stelle als viertes Niyama platziert?, fragt Pandit Rajmani Tigunait in seinem Buch *Inner Quest – Yoga's Answers to Life's Questions*[33]. Solange die Kluft zwischen Tapas und Ishvara Pranidhana nicht mit Svadhyaya gefüllt ist, ist Selbstdisziplin nichts anderes als Züchtigung und Bestrafung ohne höher führende Aspekte. Bei der Hingabe zum Göttlichen verbleibt lediglich ein diffus religiöses Gefühl. Erst das Selbst-Studium gibt beiden Niyamas Richtung und Bedeutung. Es transformiert die rigiden Aspekte von Tapas in freiwillige Selbstverpflichtungen und führt den Aspiranten in Ishvara Pranidhana hin zu einer Gotteserfahrung.

Svadhyaya stärkt die Überzeugung, dass der eigene Übungsweg sinn- und wertvoll ist. Es gibt keine festen Richtlinien für das Selbst-Studium, aber der Wert direkter Erfahrung wird betont. Selbstanalyse und Bücherstudium mögen noch so intensiv sein: Ihre Kraft ist gering, wenn dieses Wissen nicht in eigene Übungs- und Lebenspraxis integriert und aus eigener Erfahrung begriffen wird. Selbst wenn das folgende Beispiel kurios klingen mag: Das bloße Lesen der Speisekarte im Restaurant macht nicht satt – man muss ein Essen bestellen und sich einverleiben, damit man wirklich substanziell genährt wird. Ein Gramm Praxis wirkt also oft mehr als eine Tonne Theorie.

Dennoch ist das Lesen der Yoga-Schriften hilfreich, denn dadurch wird im Geist ein Same gepflanzt, der bei regelmäßiger Bewässerung irgendwann Früchte hervorbringt.

Das Studieren der Schriften gibt Hinweise, wie Stolperfallen und Hindernisse aus dem Weg des Sadhana geräumt werden. Im Zusammensein mit authentischen Lehrern einer Traditionslinie werden die Schriften erläutert. Die persönliche Erfahrung des Lehrers wird dem Schüler nahegebracht. Mantra-Meditation wiederum führt den Suchenden zu seiner Bestimmung, zum unzerstörbaren Höheren Selbst.

Abbildung 18: Svadhyaya – Die Bausteine des Selbststudiums

Die Essenz von Svadhyaya

> *Wir möchten gerne die Welle kennen, auf welcher wir im Ozean treiben, allein wir sind diese Welle selbst.*
> JACOB BURCKHARDT[34]

Stellen wir uns das Bild eines Ozeans und seiner Wellen vor. Jede Welle, die über die Oberfläche dieses Meeres wandert, ist der Ausdruck eines Individuums. Die Wellen sind in ihrer Form, Höhe, Farbe und Aussehen unterschiedlich, und jede einzelne entsteht an einem anderen Platz. Aber alle Wellen verdanken ihr Entstehen dem Ozean. Wasser ist das gemeinsame Element, die verbindende Substanz, durch das die Wellen sich manifestieren und vielfältig formen. Wasser und Wellen sind eins. Ob wir eine zarte weiße Schaumkrone oder eine gigantische Tsunamiwelle sehen, spielt in diesem Zusammenhang keine Rolle. Wellen vergehen und neue kommen hervor, aber die Fülle des Ozeans wird während des Spiels der Wellen weder verringert noch vermehrt. Die Welle agiert scheinbar individuell, solange sie auf der Oberfläche ist, aber sie ist nie vom Ozean getrennt.

Wie die Wellen auf See ist das individuelle Bewusstsein nie vom universellen Bewusstsein getrennt. Es entspringt aus ihm und kehrt wieder ins All-Eins-Sein zurück. Eine solche individuelle Erfahrung kann durch spezifische Übungen erreicht werden, die die Yogis als Selbst-Studium zusammenfassten. Ozean und Welle simultan als eins, zu erleben ist die Vision von Svadhyaya. Dann ruht der Übende in seiner eigenen wahren Natur.

Wie kann nun eine solche Vision in eine tägliche Übungspraxis integriert werden? Eine nachhaltige Übungspraxis sollte sich an folgenden Leitprinzipien orientieren:

- Sie sollte regelmäßig sein,
- über lange Zeit sowie
- mit Liebe und mit Hingabe geübt werden
- und mit dem Ziel eines erfüllteren und gesünderen Lebens durchdrungen sein.

Das Bild von Blumen auf einem Balkon mag an dieser Stelle weiterhelfen. Zuerst muss der Same einer Pflanze in die Topferde gelangen, bevor er keimt und zu einem dünnen Stängel emporwächst. Es bedarf Zeit, bis die ersten Blüten und Früchte kommen. Dazu braucht es eine bestimmte, wiederkehrende Menge von Licht, Wasser und Nährstoffen zu einer bestimmten Zeit. Bekommt die Pflanze zu viel Wasser, verfaulen die Wurzeln. Bei zu starker Sonneneinstrahlung verdorrt die Pflanze. Zu wenig Nährstoffe lassen die Pflanzen nicht wachsen und lassen sie für Krankheiten anfällig werden. Eine zu reiche Menge von Nährstoffen greift die Wurzeln an. Licht kann nicht durch Wasser, Wasser nicht durch Licht ersetzt werden. Ein Zuviel des einen, ein Zuwenig des anderen kann die junge Topfpflanze vor ihrer ersten Blüte absterben lassen. Mehrere Komponenten in der richtigen Menge zur richtigen Zeit führen zusammen zu einem stetigen kontinuierlichen Wachstum einer Pflanze. In diesem Sinne ist Regelmäßigkeit ein grundlegender Faktor beim Aufbau einer stabilen Übungsroutine.

Eine alternative Übersetzung des Wortes Svadhyaya lautet *rezitieren, wiederholen*. Das Selbst-Studium beinhaltet das ständige Wiederholen der Idee eines unendlichen Bewusstseins um uns, dessen untrennbarer Teil wir bereits sind. Durch Kontemplation (Rezitationen aus weisen Schriften) und Meditation mit einem Mantra (Mantra-Japa) wird der wiederkehrende Charakter solcher Übungspraxis unterstrichen.

Welcher Übungsweg zur Erkundung des Höheren Selbst geeignet ist, hängt letztendlich von der eigenen geistigen Stabilität und Klarheit ab. Ist der Geist nicht durch zu viele störende Gedanken und Gefühle belastet wie zum Beispiel Ängste, Sorgen, Anhaftungen oder Ablehnungen, offenbart sich der Wesenskern leichter (sattvischer Geisteszustand, Prinzip der Klarheit).

Wird der Geisteszustand eher durch Wünsche und weltliche Gedanken abgelenkt, ist er durch Rajas dominiert (Prinzip von Aktivität). Nun bedarf es der Disziplin, um die zerstreute Gedankenflut zu bändigen. Eine regelmäßige Meditationspraxis (am gleichen Platz, zur gleichen Zeit, die gleiche Meditations-Methode) ist ebenso hilfreich wie die Erhöhung der Konzentration auf alltägliche Dinge. Letzteres bedeutet, im gegenwärtigen Moment unsere Handlungen mit größter Aufmerksamkeit und Liebe zu tun. Dieses Vorgehen lässt uns präsent werden. Wir verweilen also nicht in der Vergangenheit oder Zukunft und haften nicht an den Ergebnissen unserer Handlungen. Dann wird Yoga zur „Meditation in Aktion".

Wenn der Geist von Tamas erfüllt ist, herrscht Inaktivität und ein mangelndes Gespür oder Interesse für ein Selbst-Studium vor. Dann sind andere Übungen aus dem breiten Yoga-Spektrum erforderlich (zum Beispiel zur Stressbewältigung Entspannungs- oder Achtsamkeitsübungen).

Grundzüge der Mantra-Wissenschaft

Im Anfang war das Wort, und das Wort war bei Gott, und Gott war das Wort. Dasselbe war im Anfang bei Gott. Alle Dinge sind durch dasselbe gemacht, und ohne dasselbe ist nichts gemacht, was gemacht ist …
JOHANNES-EVANGELIUM, 1.1 FF.

Unsere essenzielle Bestimmung ist ein Zustand puren Seins, der Wahrheit, Bewusstsein und Glückseligkeit beinhaltet. Quelle des Leidens ist die Entfremdung von unserer essenziellen Natur, dem wahren Wesenskern. Obwohl der Geist unaufhörlich nach dem Ende des Leidens strebt, sucht er normalerweise in der äußeren Welt, wo er mehr Leiden findet. Gehen wir nach innen, finden sich häufig zerstreute und unkontrollierte Gedanken, Gefühle, Tagträume. Meditation führt zur absoluten Realität. Ein zerstreuter Geist verursacht aber mit Sicherheit Verzögerungen auf diesem Weg.

Ein Mantra – so sagen die Weisen – ist das Mittel, mit dem der Geist einpunktig nach innen gerichtet wird. *Manat trayate iti mantrah* – *man* bedeutet *denken, tra* bedeutet *schützen, befreien*. Mantra ist *das Wort, welches allein durch die Tugend der Wiederholung beschützt*. Es ist ein Wort, eine Silbe oder eine Serie von Klängen, empfangen von den Rishis (Sehern) in tiefer Meditation. Wenn es in einer lebendigen Yoga-Tradition von einem modernen Lehrer vermittelt wird, entspricht das weitergegebene Mantra dem gleichen Klang, den ein Weiser vor Jahrtausenden innerlich hörte. In solchen Mantras zeigt sich die Kraft einer Traditionslinie, die diese Mantras beschützt und erhält. Mantras gehören der universellen Wahrheit an. Sie sind kein Eigentum einer Yoga-Richtung, einer Nation, Tradition oder Religion oder eines spezifischen Glaubensbekenntnisses.

In einer Initiation wird das persönliche Mantra vom Lehrer zum Schüler zu dessen Schutz und Führung gegeben. So fließt der Erfahrungsschatz der langen Reihe von Meditierenden sowie die dem Mantra innewohnende Energie (Mantra Shakti) an die nächste Generation weiter. Mantras dienen durch ihr sanftes Pulsieren und Schwingen der Beruhigung der Bewegung unseres Geistes.

Der Kern von Svadhyaya ist die Mantra-Meditation: die stille, innere Rezitation eines Klangs. In der aufgewühlten See unserer Gedanken und Gefühle wird ein einziger Gedankenimpuls fest verankert. Diese Geistesbewegung hat ihren Ursprung im kosmischen Bewusstsein und besitzt dadurch die Kraft, uns zum Wesenskern zu leiten. Wir studieren nicht uns selbst, wir studieren unser Selbst.

Abbildung 19: Die Reise des Mantra zum Selbst

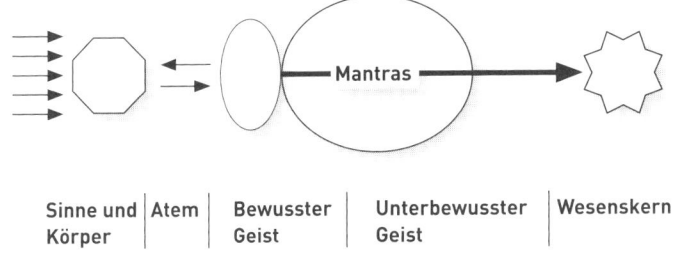

| Sinne und Körper | Atem | Bewusster Geist | Unterbewusster Geist | Wesenskern |

Zusammenfassung

* Die vermeintlichen Stärken und Schwächen, die antreibenden und hemmenden Kräfte sowie die eigenen Gewohnheiten zu erkennen und zu transformieren, ist hilfreich für ein erfülltes Leben. Diese Art der Selbsterforschung durch Reinlichkeit, Zufriedenheit und Selbstdisziplin geht dem Studium des höheren Selbst voran. Mit dem Selbststudium begibt sich ein Mensch anschließend auf die Suche nach seinem göttlichen Kern.

* Das Studium der Yoga-Texte inspiriert und motiviert, muss aber in gelebte Übung und praktische Erfahrung umgesetzt werden. Ansonsten bleibt das erworbene Wissen in der Theorie stecken und entfaltet nur oberflächliche Wirkung.

* Unser konditioniertes Bewusstsein wählt immer aus, was uns gefällt und lässt uns wegschauen, wenn uns etwas nicht ge fällt. Unsere Wahrnehmung ist sehr selektiv. Ein erfahrener Lehrer kann Impulse setzen und Empfehlungen aussprechen, um unsere Übungspraxis zu unterstützen.

* Regelmäßige Übungspraxis wird zu intensivem Studium. Durch die fortwährende, liebevolle Wiederholung eines Mantras führt Svadhyaya zur Ishta Deva – der individuellen, ganz eigenen Vorstellung von Gott. Diesen Aspekt werden wir im folgenden Kapitel weiter erörtern.

175

Ishvara Pranidhana – Hingabe zum Göttlichen

Hingabe zum Göttlichen bringt die Vollkommenheit des Samadhi.

YOGA-SUTRAS, KAP. 3, V. 45

Nach der Etablierung von Reinlichkeit, Zufriedenheit, Engagement und dem Studium des Selbst kommen wir zum Ende unserer Reise mit den Niyamas: zu Ishvara Pranidhana, der Hingabe zu Gott. Der Glaube an die Existenz Gottes bedeutet, dass man sich auf der Suche nach der Wahrheit befindet, schreibt Swami Rama in seinem Buch *A Call to Humanity*. Diese Wahrheit zu erfahren ist das Ziel vieler spiritueller Traditionen: als unveränderbar, unteilbar, unzerstörbar, ungeboren und unsterblich wird dieses absolute, transzendente Prinzip beschrieben – und in der völligen Hingebung an die göttliche Kraft erfahren. Das Selbststudium zeigt hierfür als Vorbereitung einige Mittel und Wege: Meditation, Schriftenstudium und das Zusammensein mit kompetenten Lehrern. Svadhyaya bereitet zunächst vor, an die göttliche Existenz zu glauben; in Ishvara Pranidhana wird die göttliche Existenz dann tatsächlich direkt erfahren.

Ende der 80er-Jahre tauchte ich vor Bonaire, einer der drei ABC-Inseln (Niederländische Antillen) vor der Küste von Venezuela. Die Unterwasserfauna war sehr gut erhalten, da die Regierung rechtzeitig die Küstenregion zum geschützten Naturschutzgebiet erklärt hatte. Eines Tages segelten wir zu einem Tauchplatz, der alle Erwartungen übertraf. In der Tiefe entfaltete sich eine unglaubliche Welt vor meinen Augen: Korallen, Fischschwärme, Felsformationen, alles in leuchtenden Farben und vielfältigen Formen. Klares Wasser trug mich leicht und schwerelos durch diese Landschaft, blauer Himmel schimmerte durch die Wasseroberfläche. Die Sonnenstrahlen wärmten das Wasser, sodass das Tauchen sehr angenehm war. Ich hatte bis dahin eine Reihe von Tauchplätzen gesehen: im Roten Meer, auf den Malediven und in heimischen Gewässern, aber dieser traumhafte Anblick verschlug mir die Sprache. Die Schönheit dieses Ortes war überwältigend. Zu Hause erzählte ich meinen Freunden: „Diesen Tauchplatz hat Gott selbst erschaffen." In den damaligen Worten spiegelte sich meine Bewunderung für die göttliche Schaffenskraft wieder, allerdings aus der Position eines distanzierten Beobachters, der sich von der Schöpfung getrennt fühlt. Sich selbst als Teil dieser Schönheit zu begreifen und keine solche Trennung mehr wahrzunehmen, ist ein Aspekt von Ishvara Pranidhana. Manchmal ist eine besondere Ergriffenheit und Verbundenheit mit der Natur in uns spürbar, egal ob es beispielsweise um eine leere Wüste, majestätische Berge, leuchtende Rapsfelder, einen strahlenden Sonnenuntergang oder ein donnerndes Gewitter geht. Berührt wird hier etwas, was sich der Ratio entzieht und einen Weg zu einem höheren, transzendenten Prinzip öffnet. Dieses Göttliche wohnt als individueller Teil in jedem Wesen, egal ob Mensch oder Tier. Genauso wie es im lebendigen Sein vorhanden ist, manifestiert es sich auch in allen unbelebten Objekten. Wir finden das all-durchdringende göttliche Wirken in den steinernen Häuserschluchten von New York wie in den felsigen Gebirgslandschaften des Himalayas. Es gibt nichts, was außerhalb der göttlichen Schöpfung existiert. Zwischen Schöpfer und Geschaffenem ist kein Unterschied mehr gegeben.

Diese Bewusstseinskraft drückt sich mannigfaltig aus, und Worte können sie nur unzureichend erklären: als pures, reines Wesen, Sein und Bewusstsein (Sat-chit-ananda). Sie lenkt die Hand eines Heiligen genauso wie die Hand eines Attentäters – und ist immer gleich nah, egal ob man sich in einer Kirche, einem Tempel oder einer Schwitzhütte befindet – oder ob man sich in der eigenen Küche, in der Badewanne oder auf der Toilette aufhält. Manchmal wird diese Bewusstseinskraft erst in einer schlimmen Notlage bei uns abgerufen, aber wenn Augenblicke der Stille während des Alltags entstehen, ist die Wahrnehmung des Göttlichen häufiger möglich.

Alles ist in Einem, und Einer ist in Allem. Das ist die Wahrheit, und die Wahrheit ist Gott. Wenn der Glaube und die Überzeugung groß genug sind, lassen wir uns führen und leiten von dieser Kraft. Ishvara Pranidhana, das letzte Niyama, gibt Richtung und Halt auf diesem Weg.

Da diese ultimative, absolute Realität mittels Sprache nur unzulänglich beschrieben werden kann, fällt es schwer, einen persönlichen Bezug zum Gottesbewusstsein herzustellen. Dieses höhere Prinzip,

- welches ohne Form ist und doch jede Gestalt annimmt,
- welches ohne Namen ist und sich doch durch jede Bezeichnung ausdrückt,
- welches nicht fassbar ist und doch in allen Objekten berührt wird,

ist allumfassend und zu indifferent.

Deswegen werden dem reinen Bewusstsein Namen und Form gegeben, um es besser zu begreifen und persönlich ansprechen zu können. Ishta Deva bezeichnet den Namen, die Form oder den Aspekt Gottes, den bzw. die wir auf dem ausgesuchten Weg der Gotteserfahrung persönlich gewählt haben. Allah, Jesus, Buddha, Rama, Hanuman, Ganesha, Manitou, um nur einige zu nennen, stellen Teilaspekte der allumfassenden göttlichen Macht dar.

Das Göttliche spricht in vielen Sprachen und Formen zu uns, aber wir interpretieren deren Botschaften entsprechend unserer eigenen Vorstellungen. Das Risiko liegt hier in einer rigiden Konzeptualisierung der eigenen ausgewählten Gottheit.

- *ER* ist *mein* Gott,
- *ER* ist *besser, mächtiger* als *dein* Gott,
- *ER* hat die *schöneren, höheren* Tempel,
- *ER* kämpft auf *meiner* Seite und nicht für die *Heiden*.

Solche Aussagen sind der Anfang von Intoleranz, Unterdrückung und religiösen Kriegen. Fundamentalismus bedeutet, ein starres Verständnis von Gott zu besitzen, welches andere Ishta Devis rigoros ablehnt oder sogar bekämpft. Gott spricht in vielen Sprachen und Formen zu uns, aber wir interpretieren seine Botschaften entsprechend unserer eigenen Vorstellungen. Viele Wege führen zu Gott – kein Weg ist schlechter als ein anderer.

Unser Verständnis von Gott sollte flexibel sein, da es sich im Laufe des Lebens ändern mag. Auch wenn sich Gott nie ändert, kann der Kontakt mit anderen Kulturen und Glaubensrichtungen ebenso unser Gottesverständnis verändern und bereichern.

Hin zur Gotteserfahrung – Die vier Yoga-Wege

Im Yoga werden vier gleichberechtigte Pfade genannt, um die Vereinigung mit Gott zu erlangen: Raja-Yoga, der achtgliedrige königliche Yoga-Weg; Jnana-Yoga, der Weg des Studiums und des Wissens; Bhakti-Yoga, der Yoga des Herzens und der Hingebung sowie Karma-Yoga, die yogische Weise des Handelns.

Raja-Yoga übt die Nähe zum Göttlichen durch intensive Meditation, die systematisch durch definierte Stufen vorbereitet wird (s. Kapitel *Der königliche Weg das Raya-Yoga*, S. 17).

Jnana-Yoga arbeitet mit dem Studium der Schriften und der Unterscheidung zwischen den realen und unrealen Manifestationen dieser Welt. Wenn alle flüchtigen und vergänglichen Phänomene analysiert und kompromisslos eliminiert werden, tritt das Göttliche hervor und verbleibt als *Einziges ohne ein Zweites* übrig (nämlich als das unsterbliche, unteilbare und unzerstörbare Prinzip).

Im Bhakti-Yoga führt bedingungslose tiefe Liebe und fester unerschütterlicher Glaube den Suchenden zu Gott. Diesen Weg bezeichnet Patanjali als die schnellste und einfachste Methode, um Gotteserfahrung zu erlangen. Die herausragenden intellektuellen Fähigkeiten des Jnana-Yoga, wie beispielsweise die einer tiefen Analyse oder der klaren Unterscheidungsfähigkeit, sind hier nicht notwendig. Auch die im Raja-Yoga erforderliche ausdauernde Übungspraxis, der Rückzug der Sinne oder eine ununterbrochene Konzentrationsfähigkeit werden weniger benötigt. Ein Bhakta fühlt die Liebe zu Gott in sich und Gottes Liebe zu ihm. Um dieses zu intensivieren wiederholt er viele Male rezitierend oder singend (chantend) den Namen oder einen Aspekt von Gott, den er als Bhakta gewählt hat. Als Höhepunkt im Bhakti-Yoga verschmelzen der Suchende und der Gesuchte miteinander.

Karma-Yoga beschreibt die Hinwendung zum Göttlichen als selbstloses Handeln und Dienen. Sämtliche Arbeit wird ohne Erwartungen an bestimmte Ergebnisse oder für persönlichen Gewinn ausgeführt. Selbst unangenehme Konsequenzen werden nicht gefürchtet. Die Annäherung an Gott geschieht oft durch den Dienst *an* und *für* andere Menschen, beispielsweise in sozialen Diensten und gemeinnützigen Projekten.

Der letztgenannte Weg gibt einem Großteil der arbeitenden und spirituell Suchenden die Möglichkeit, Yoga sozusagen 24 Stunden am Tag zu üben. Eventuell können wir täglich 30 Minuten in Stille meditieren oder eine Stunde Hatha-Yoga praktizieren, aber Karma-Yoga erweitert die morgendliche oder abendliche Übungspraxis über den gesamten Tag. Karma-Yoga ist Meditation in Aktion. Durch diese Art der Meditation definieren wir unser Wirken in der Welt und darüber hinaus: in den Beziehungen zu uns selbst, zu unseren Mitmenschen, zu allen Wesen sowie endlich zum Göttlichen und dem All-Eins-Sein.

Zum Instrument des Göttlichen werden – Meditation in Aktion

Arbeit wird oftmals getrennt von unserem eigentlichen Leben wahrgenommen, obwohl sie von unserer Existenz nicht zu trennen ist. Unser Broterwerb ist meist ein Arbeiten fürs (Über-)Leben, und wir freuen uns oftmals auf den Feierabend oder den Urlaub, wenn diese Arbeit zeitweilig ein Ende findet. Mahatma Gandhi wurde einmal von einem westlichen Reporter gefragt, ob er sich nach 50 Jahren mit täglichen 15 Stunden Arbeit nicht einen Urlaub gönnen wollte. Gandhi lächelte mit seinem zahnlosen Lächeln und erwiderte, dass er immer im Urlaub sei. Beruf und Berufung gingen für Gandhi Hand in Hand; zudem half ihm, dass all sein Wirken mit einem spirituellen Konzept von Ahimsa verknüpft war.

Für uns bringen meistens der Beruf, die Familie und die Freizeit mannigfaltige Anforderungen und Arbeit mit sich. Oftmals überwältigt uns die schiere Menge an Verpflichtungen, und der Stresspegel steht bis zum Anschlag. Der Alltag frisst sämtliche verfügbare Zeit auf. Noch scheint nicht der „richtige Moment" für eine spirituelle Praxis gekommen. Irgendwann wird die „richtige" Zeit kommen, wo ausreichend Platz und Raum für eine „richtige" Übungspraxis gegeben sein wird. Ist diese Hoffnung berechtigt? Woran würde ich den richtigen Moment überhaupt erkennen?

Leben bringt immer wieder neue Veränderungen, Herausforderungen und Aktivitäten mit sich – der „richtige" Moment mag eventuell niemals kommen. Mittels Karma-Yoga kann Spiritualität aber in jedem Moment des Alltags erfahren werden. Was ist das Besondere am Karma-Yoga? Was ist zu beachten, was zu tun? Welche Kerneigenschaften zeichnen den yogischen Weg des Handelns aus? Wie können wir uns dem Göttlichen durch unser Handeln nähern?

Abbildung 20: Karma-Yoga – Handlungen im Alltag als spirituelle Praxis (Sadhana)

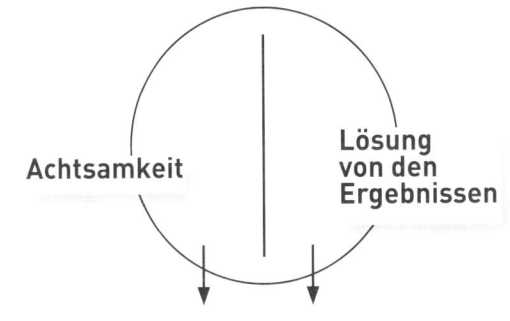

Achtsamkeit

Das Beste geben

Liebevoll mit höchstmöglicher Präzision handeln

Unsere Fähigkeiten immer mehr erweitern und verfeinern

Im Hier und Jetzt das Richtige und Notwendige tun

Offen für Wandel und Transformation sein

Lösung von den Ergebnissen

Wir sind nicht der Handelnde, sondern Instrumente einer göttlichen Instanz.

Wir sind Teil einer unendlichen Handlungskette.

Die Resultate unserer Handlungen werden Gott hingegeben.

Innere Einstellung: Unabhängig von Lob, Kritik und Bewertungsrastern sein

Normalerweise verstehen wir uns als Handelnde. Wird ein bestimmtes Ereignis gewünscht, führen wir eine entsprechende Aktion durch. Zunächst entsteht also ein Ergebniswunsch in unseren Gedanken, der dann in die Tat umgesetzt wird. Der initiierende Impuls zu der darauffolgenden Handlung scheint aus uns heraus zu entstehen. Deswegen versteht man sich als Handelnden, als Macher und verbindet sich mental sowohl mit der Tat als auch mit dem entsprechenden Ergebnis. Die Identifikation mit dem Geschehen wächst – und damit Bindung und Anhaftung (Raga). Wir fühlen uns als Motor von Ereignissen unverzichtbar und halten zudem für sehr bedeutsam, was für Dinge wir tun und wie wir sie tun. Ist dies wirklich so?

Yogis sehen unsere Rolle in diesem Geschehen wesentlich nüchterner. Bereits lange vor unserer Geburt haben die Schöpfung und das hier wohnende Leben existiert. Die Schöpfung wird auch noch weiter existieren, wenn wir bereits von der Welt gegangen sind. Unsere Unwissenheit (Avidya) verhindert die Erkenntnis, dass nicht wir der Motor von Aktionen sind, sondern dass es die grundlegende, allen Wesen innewohnende göttliche Kraft ist, die die Ereignisse dieser Welt lenkt und uns am Leben hält.

Aufgrund dessen ist es nicht möglich, ein Macher zu sein. Wir sind die Instrumente einer göttlichen Instanz. Die Ergebnisse unserer Handlungen sind nicht vorhersehbar, weil diese sich unserem direkten persönlichen Zugriff entziehen. Wenn wir erkennen, dass zur Vervollständigung jeder Handlung unendlich viele Einzelkomponenten benötigt werden, beginnt die Wahrheit zu Tage zu treten: nämlich dass wir keine Handelnden sind.

Betrachten wir beispielsweise einmal eine starke Glühbirne mit hoher Wattzahl. Wenn wir auf den Lichtschalter drücken, wird ein Raum in helles Licht getaucht. Erschafft die Glühbirne selber aus sich heraus Licht? Verfolgen wir diesen Gedanken tiefer, kommt die Erkenntnis, dass die Glühbirne aus sich selber heraus keine Kraft besitzt, Licht zu produzieren, denn: Wenn ein Generator durch ein defektes Teil nicht arbeitet, ist die Glühbirne nicht in der Lage, Licht zu spenden. Wenn dieser Teil des Generators repariert ist, aber ein anderer Teil kaputt geht, wird die Glühbirne auch kein Licht geben. Auch wenn alle Teile des Generators funktionieren, aber kein Strom vom Kraftwerk kommt, wird der Raum dunkel bleiben. Wenn der Generator funktioniert und ausreichend Strom geben könnte, aber niemand den Generator anwirft, wird die Glühbirne immer noch kein Licht geben. Selbst wenn der Generator perfekt arbeitet und

184

jemand da ist, der ihn bedient, wird, wenn ein Teil der Stromverkabelung im Haus durchgebrannt ist, die Glühbirne kein Licht geben. Wenn alles bisher Aufgezählte in Ordnung ist, aber der Lichtschalter kaputt ist, wird die Glühbirne immer noch kein Licht geben.

Es ist unmöglich, alle Beteiligten und alle Komponenten zu zählen, die den elektrischen Impuls zur Glühbirne leiten. Die Glühbirne alleine ist nicht verantwortlich für das Licht. Nur wenn sämtliche Einheiten – vom Generator über die kleinsten Teile des Drahtes bis zur Glühbirne – funktionieren, wird sie strahlen. In der gleichen Art und Weise hängt das Ergebnis einer von uns gestalteten Handlung von unendlich vielen Teilen ab. So ist es nicht möglich, die komplette Handlungskette aller beitragenden Einheiten (vom Gedankenimpuls bis zum letztendlichen Ergebnis) zu steuern und zu kontrollieren. Wenn dies verinnerlicht wird, erkennen wir uns als das, was wir wirklich sind: ein Rädchen im gesamten Tanz der göttlichen Schöpfungskraft, das nichtsdestotrotz sehr wichtig ist. Wir sollen unser Bestes geben, die wahren Dinge geschehen aber im Verborgenen.

Die innere Einstellung zur Arbeit wird dem Yogi dann wichtiger als die Resultate. Die Motivation ist selbst-los, d.h. unabhängig von scheinbarem Erfolg und Misserfolg. Die Handlungen sollte in jedem Augenblick mit größtmöglicher Perfektion und Achtsamkeit ausgeführt werden. Dies stellt eine große Herausforderung dar. Eine wesentliche Voraussetzung für das Gelingen dieses Yoga-Ansatzes heißt Achtsamkeit.

Wenn die Resultate nicht mehr von bindender Bedeutung sind, sind die Ergebnisse trotzdem paradoxerweise alles andere als nebensächlich. Wenn beispielsweise in einer Autowerkstatt die Reifen an einen Wagen montiert werden, gehört das Auto dem Kunden – und nicht dem dort arbeitenden Automechaniker. Wenn dieser nicht aufmerksam ist und die Reifenmuttern nicht fest genug anzieht, ist ein schwerer Unfall des Wagenbesitzers möglich. Der Mechaniker trägt große Verantwortung für sein Tun, obwohl er den Wagen vielleicht nie wieder sehen wird.

Achtsamkeit und Konzentration werden also gebraucht. Damit keine Fehler entstehen, sollte der Geist des Automechanikers nicht von anderen Gedanken absorbiert werden. Seine Aufmerksamkeit ist gerichtet und gebündelt. Wenn Wasser in vielen kleinen Rinnsalen einen Hügel herabfließt, steckt wenig Kraft dahinter. Wenn es aufgestaut wird und sich durch ein kleines Loch hindurch presst, schießt das Wasser mit mächtiger Kraft heraus. Sobald Sonnenlicht in einem Vergrößerungsglas gebündelt wird, entsteht ein kleiner (Brenn-)Punkt hoher Energie. Erst die Fokussierung kann eine Flamme entfachen.

So können Handlungen mit hoher Intensität vollbracht werden, sofern der Geist sich über längere Zeit konzentriert kann. Die Konzentration erreicht solch hohe Kraft, dass wir Zeit und Raum vergessen und Stunden wie Minuten vorkommen können. Es tritt keine Erschöpfung auf, sondern man kommt erfrischt und freudig aus diesem Zustand.

Karma-Yoga als einer der vier Yoga-Wege legt den Grundstein für die Erfahrung des göttlichen Bewusstseins. Anbei einige Übungsvorschläge, die leicht im Alltag einsetzbar sind:

- Bringen Sie vollständige Achtsamkeit in jede Ihrer Bewegungen: Machen Sie nichts geistesabwesend oder wahllos (beispielsweise beim Haarebürsten, Zähneputzen oder Toilettengang).
- Konzentrieren Sie sich beim Essen auf Geschmack, Aroma oder die Konsistenz der Nahrung.
- Wenn Sie sich mit jemand unterhalten, schenken Sie dieser Person Ihre volle Aufmerksamkeit.
- Wenn Sie sich einen Fernsehfilm ansehen möchten, entscheiden Sie sich, ihn mit voller Aufmerksamkeit zu gucken.
- Beginnen Sie Ihre Haus- und Putzarbeit zu lieben.
- Stellen Sie Musik und Fernsehapparat bei der Arbeit ab.

Betrachten Sie jede Handlung als lebenswichtig, sodass jedem Augenblick Bedeutung geschenkt wird. Dies bedeutet nicht zwangsläufig langsam zu werden. Unachtsamkeit kann Quelle zukünftigen

Leidens sein. Achtsamkeit hingegen heißt tendenziell weniger Fehler zu machen und dadurch weniger Stress zu erleben. So in der „Meditation in Aktion" zu agieren bringt Spiritualität in den Alltag.

Noch fehlt uns aber zum vollen Verständnis der Philosophie des Karma-Yoga eine wichtige Komponente: die Entsagung an die Erwartung von Belohnung und Gewinn. Diesen Aspekt werden wir jetzt näher beleuchten.

Gehen wir noch einmal zurück zu der Loslösung von dem Gedanken, dass wir die Handelnden sind. Man könnte diesen Schritt auch als Entsagung bezeichnen. Kein Rückzug in eine abgelegene Wüste ist gemeint bzw. dass der Welt der Rücken gekehrt werden soll. Es bedeutet ebenfalls nicht, keinerlei Verantwortung mehr für sein Tun zu übernehmen. Bei der Meditation in Aktion wird angestrebt, zu jedem Zeitpunkt das Richtige zu tun, in einer liebevollen, selbstlosen und bestmöglichen Art und Weise – ohne einem rigiden Perfektionswahn zu verfallen. Zunächst wird an Konzentration und Achtsamkeit gearbeitet, und dann den Ergebnissen jeglichen Handelns entsagt.

Dies sind ungewöhnliche Gedanken für eine Leistungsgesellschaft, in der „Zeit gleich Geld" ist und der Gradmesser für Erfolg exzellente Resultate und sichere Renditen sein müssen. Der Gedanke an die Nichtanhaftung von Ergebnissen mag bedrohlich, zumindest aber irritierend sein. Was bedeutet dies in Theorie und Praxis?

Viele Menschen definieren sich beispielsweise über die Art ihrer Tätigkeit oder ihre hierarchische und fachliche Position in der Arbeitswelt. Ein Vorstandsvorsitzender wird beispielsweise als mehr „wert" als ein Hausmeister betrachtet, eine Parlamentsabgeordneter wird mehr geachtet als eine Putzfrau, ein Geschäftsführer mehr als ein Angestellter, ein Meister mehr als ein „einfacher" Arbeiter usw. Ansehen und Einkommen stützen diese Einschätzung. Dabei wird völlig außer Acht gelassen, dass alle Tätigkeiten gleich wichtig und gleich bedeutsam sind, um ein Unternehmen zu erhalten und voranzubringen. Alle Arbeiten (Einheiten) sind von gleich hoher Bedeutung, können aber nicht von allen Personen gleich gut erledigt werden.

Warum ist dennoch ein Unterschied fühlbar? Wieso kann Unzufriedenheit erwachsen? Wie eben bereits erwähnt, können manche Tätigkeiten nicht von vielen, sondern nur von wenigen gut vollbracht werden – nicht jeder hat beispielsweise die physischen und mentalen Voraussetzungen, um Astronaut oder Pilot zu werden. Aber Unzufriedenheit erwächst insbesondere dann, wenn die Ergebnisse der beurteilten Tätigkeit in ein Bewertungsraster von Erfolg und Misserfolg einsortiert werden. Wir messen und definieren uns innerhalb einer leistungs- und gewinnorientierten Gesellschaft über Vermögen, Besitz, Macht, Einfluss und Stellung. Die Resultate von Handlungen bestimmen also den eigenen Selbstwert und unsere Identifikation. Solche Ergebnisbetrachtungen fördern Vergleiche zwischen den Menschen; dabei wird vergessen, dass jeder Mensch einzigartig ist und dass sich solche Bewertungen im Grunde verbieten. Dadurch werden eher Unterschiede statt Gemeinsamkeiten betont („Wir da oben, ihr da unten"). In der Betrachtung von Ahimsa stellten wir fest, dass alle Menschen und Tätigkeiten über den Erdball hinweg miteinander verbunden sind. Wenn Menschen sich mit ergebnisorientiertem Handeln über die Früchte ihres Handelns definieren, erfolgt Abgrenzung. Gräben werden gezogen, da Standesdünkel und Unterschiede zwischen Menschen entstehen. Es entwickelt sich keine nachhaltige Zufriedenheit.

Wurde wirklich das Beste entsprechend dem eigenen Vermögen vollbracht, und wurden alle Erwartungen und Ergebnisse so weit wie möglich abgegeben, wird es irrelevant, was zum Schluss „dabei rauskommt". Die Handlung als solche ist Belohnung in sich selbst. Dies ist wirkliche Entsagung. Diese innere Haltung kann erheblich Stress im Leben reduzieren und wird bedeutsamer als die eigentliche Handlung. Gehe ich zum Beispiel mit folgender mentaler Einstellung an eine Aufgabe, werden die Früchte der Handlungen nicht reinen Herzens und vollständig abgegeben:

- Wenn ich dies und das mache, wachse ich spirituell.

- Wenn ich dies und jenes tue, werden meine Freunde es erfahren und mich noch mehr mögen.
- Wenn ich dies und das bekomme, werde ich ab heute ein besserer Mensch.

Dies wäre kein wirklich selbstloses Handeln im yogischen Sinne.

Oft wird die berechtigte Frage gestellt, warum gehandelt werden soll, wenn nichts dabei „rüberkommt". Woher soll Motivation kommen, wenn ich nicht davon habe? Zuallererst: Wir können nicht leben, ohne tätig zu sein, aber manche Handlungen sind eher von Selbstsucht getrieben, frei nach dem Motto: „Was ist für mich drin?" Andere Handlungen sind selbstloser Natur: „Dies muss getan werden, es ist sinnvoll für die Gemeinschaft, daher werde ich es tun."

Meine amerikanische Yogalehrerin Shanta berichtete mir von ihrem Bekannten, der sich für einen bestimmten Wochentag niemals verabredete und auch nicht erklärte, womit er sich an diesem Tag beschäftigte. Nach Jahren erfuhr sie zufällig, dass er an diesem Tag immer ins Gefängnis ging, um die dortigen Gefangenen zu unterstützen. Seine gemeinnützige Arbeit blühte im Geheimen und bedurfte nicht der Anerkennung durch andere.

Selbst alltägliche Handlungen wie Essen, Schlafen, Baden und Asana-Praxis können mit der inneren Einstellung vollzogen werden, selbstlos für andere zu handeln. „Dieser Körper ist ein Instrument, mit dem ich anderen Menschen helfen und sie unterstützen kann. Ich übe heute nicht nur für meine eigene physische Gesundheit, sondern um diesen Körper für das Wohl anderer lange Zeit zu erhalten." Zusammen mit Bewusstheit und Achtsamkeit werden die weltlichsten und normalsten Tätigkeiten plötzlich zur Meditation in Aktion. Natürlich klingt das auf dem Papier ganz einfach und selbstverständlich, aber ist es leicht und problemlos umsetzbar?

Nehmen wir an, Sie bereiten gerade das Mittagessen für ihre Familie vor. Sie denken vielleicht bei sich: „Gut, ich werde das Essen zubereiten für diejenigen, mit denen ich wohne und die ich liebe.

Ich werde die Früchte meiner Arbeit loslassen und werde liebevoll und aufmerksam mein Bestes geben." Prompt mäkelt eines der Kinder über das Essen, und dem Partner schmeckt es auch nicht. Sie fühlen sich innerlich nicht gut mit all der entgegengebrachten Kritik. Dieses Sich-nicht-gut-Fühlen deutet darauf hin, dass Sie die Ergebnisse Ihrer Handlungen nicht vollständig losgelassen haben. Das Bedürfnis nach Anerkennung ist oft immer noch unbewusst vorhanden, und wenn dieses nicht durch Zustimmung oder Lob befriedigt wird, werden dadurch unsere Gedanken und Gefühle beeinflusst. Aufrichtige, selbstlose Handlungen haben idealerweise keine Zielorientierung mehr.

Ein anderes Beispiel: Ich bereite für einen Kranken das Frühstück vor. Wenn die Frühstückseier zu hart werden und mich der Kranke unwillig und lautstark anraunzt, ist vielleicht mein erster Gedanke: „Das ist nun definitiv das letzte Mal, dass ich mich um eine so undankbare Person kümmere." Wieder taucht dieses Sich-nicht-gut-Fühlen auf, weil ich ein bestimmtes, dankbares Verhalten des Kranken mir gegenüber erwartete.

An den Resultaten des Handelns anzuhaften führt oftmals zu Schmerz, Enttäuschung und Leid. Die *Bhagavad Gita* zeigt daher folgende Richtschnur für Karma-Yoga auf:

> *Widme alle Handlungen mir und fokussiere deine Gedanken fest auf das eigene Selbst. Vollbringe deine Taten ohne Erwartungen und ohne Eigennutz sowie frei von Eifer, Furcht oder Angst. [...]*
>
> *Deshalb vollbringe du deine Pflicht stets ohne Hang [zum Erfolg]; denn wer ohne solchen Hang seine Pflicht vollbringt, erreicht das höchste [Ziel].*

BHAGAVAD GITA, KAP. 3, V. 19; 30

Aller Früchte zu entsagen, wirkt nach der Yoga-Philosophie befreiend und bringt Frieden, Ausgeglichenheit und Harmonie in allen

Lebensumständen. Es ist ein Weg zu Gott und ebenfalls einer der Pfeiler von Santosha, dem Niyama der Zufriedenheit. Wie wird ein Zustand der Entsagung und Achtsamkeit erreicht? Was bringt Zufriedenheit im Karma-Yoga? Wieder scheint die Antwort simpel: „Üben, üben und nochmals üben." Seien Sie nicht entmutigt und frustriert bei offensichtlichen Fehlschlägen. Die letzte Bemerkung ist eigentlich fehl am Platz, wenn Sie bereits Meditation in Aktion praktizieren. Denn der einzige mögliche Fehlschlag wäre dann, wenn Sie aufgeben zu üben.

Haben Sie Geduld mit sich. Sie haben allen Grund, geduldig zu sein, denn dies ist für viele Menschen eine völlig unbekannte und ungewohnte Lebensphilosophie, die erprobt und geübt werden muss. Auch wenn anfangs Schwierigkeiten in der Umsetzung auftreten, werden Sie zumindest erfahren, welche versteckten Erwartungen, Wünsche und Hoffnungen sich eigentlich hinter Ihren Tätigkeiten verborgen halten, und wie abhängig Sie von Resultaten und der Bestätigung durch andere Menschen sind. Das mag ein erster wichtiger Schritt in Richtung Loslassen und hin zur Selbsterkenntnis sein.

Zusammenfassung

* Die Suche nach Gott ist ein tief verwurzelter Drang im Menschen. In diesem Streben transzendieren wir die alltäglichen, egozentrierten Begrenzungen unserer Persönlichkeit. Wir verlassen das gewohnte Streben, der Macher unseres Schicksals zu sein und übergeben uns vertrauensvoll in die Hände einer höheren Instanz.

* Ishvara Pranidhana ist das Sich-Öffnen und Sich-Hingeben an eine höchste Realität: im buchstäblichen Sinne eine Herzensangelegenheit, die Worte nur unzulänglich wiedergeben können. Es stellt sich dar als tiefes Vertrauen in eine höhere Schöpfungsinstanz, die uns hilft und führt und uns trotzdem die freie Wahl lässt, wie wir unser Leben gestalten wollen – und die uns nicht aufgibt und fallen lässt, wenn wir eine scheinbar falsche Entscheidung treffen.

* In der Meditation in Aktion werden die Ergebnisse des Handelns losgelassen und an ein höheres Prinzip abgegeben. Trotzdem werden die Tätigkeiten in voller Verantwortung mit größtmöglicher Vollkommenheit, Aufmerksamkeit und Konzentration durchgeführt. Alle Abgrenzungen und falschen Identifikationen fallen ab, ebenso das Gefühl, der Macher zu sein. Die Ergebnisse unseres Handelns binden uns daher nicht und verursachen uns kein Leid.

Der Meister sprach: „Alles Lebende ist Gott." Der Schüler verstand dies dem Wortlaut, nicht aber dem wahren geistigen Sinn nach. Eines Tages begegnete er auf seinem Weg einem Elefanten. Der Treiber (mâhut) schrie laut von seinem hohen Sitz aus: „Geh fort, geh fort!" Der Schüler argumentierte innerlich: „Ich bin Gott, desgleichen der Elefant. Warum sollte sich Gott vor sich selbst fürchten?" Da er so dachte, bewegte er sich nicht von der Stelle. Da hob ihn der Elefant mit seinem Rüssel hoch und warf ihn auf die Seite. Er wurde ernsthaft verletzt, und ging zu seinem Meister zurück, wo er das gesamte Abenteuer schilderte. Der Meister sagte: „Natürlich bist du Gott, und auch der Elefant ist Gott. Aber genauso hat dich Gott in Form des Elefantentreibers von oben gewarnt. Warum hast du auf seine Warnungen nicht gehört?"

RAMAKRISHNA[35]

Üben, Leben und Wirken
mit Yamas und Niyamas

Der große französische Marschall Lyautey (1854 – 1934) hat einmal seinen Gärtner, einen Baum zu pflanzen. Der Gärtner gab zu bedenken, das der Baum nur langsam wachse und hundert Jahre brauche, um zur Reife zu gelangen. Der Marschall antwortete: „In diesem Fall ist keine Zeit zu verlieren. Pflanzen Sie ihn noch heute."

AUS EINER REDE VON ROBERT F. KENNEDY,

26. JULI 1962

Yoga ist eine Methode persönlicher Erforschung, ein Weg ständiger Überprüfung und Auseinandersetzung mit Gelerntem und Erfahrenem. Die Yoga-Sutras von Patanjali enthalten sehr kompaktes Wissen und Informationen. Lesen Sie diese Sutras, erhalten sie eine intellektuelle Bedeutung; praktizieren Sie sie, ändert sich diese Bedeutung durch erlebte Erfahrung.

Seien Sie zuallererst freundlich zu sich. Fühlen Sie sich nicht schuldig oder als gescheitert, wenn nicht gleich die „perfekten" Verhaltensweisen zum Vorschein kommen. Selbst kleine Erfolge können den Stress für uns selbst und andere deutlich verringern. Je mehr man sich mit den Yamas und Niyamas beschäftigt und sie ins eigene Erleben integriert, desto mehr ändert sich auch das Verständnis und die Tiefe des Erfahrenen. So ergibt sich die Möglichkeit einer konsequenten Übung der zehn Empfehlungen als fortlaufender, lebenslanger Prozess anstatt als einmalige, zeitlich begrenzte Übung. Aber auch Letzteres hat seinen Wert – Hauptsache, Sie beginnen mit dem ersten Schritt. Es geht darum, dass wir zufriedener und glücklicher werden. Yoga bedeutet, jeden Augenblick des Lebens in Furchtlosigkeit zu leben. Und es gibt keinen besseren Tag als heute, um damit zu beginnen.

Es ist einfach, innerhalb der persönlichen Grenzen zu bleiben, um seine Gewohnheiten und seine Komfortzone zu verteidigen. Mit den zehn ethischen Yoga-Prinzipien an sich zu arbeiten, schafft neue Erfahrungen mit und Verbindungen zu anderen Menschen. Dabei ist es nicht notwendig, alle zehn Prinzipien gleichzeitig zu üben. Das ernsthafte und liebevolle Üben eines einzigen Prinzips mag automatisch den Boden für die restlichen Yamas und Niyamas vorbereiten.

Epilog – Unser Bestes geben

Jimmy Carter, ehemaliger Präsident der USA, beschreibt in seiner Biographie ein Zusammentreffen mit Admiral Rickover, das sich 1952 während seiner Marinezeit zutrug.[36]

Während dieses zweistündigen Gesprächs, in dem Carter stolz von all seinem Wissen, seinen Erfolgen und seinen Leistungen erzählt, stellt ihm sein Führungsoffizier die einfache Frage, ob er sein Bestes gegeben habe. Jimmy Carter ist schnell versucht, dies eindeutig zu bejahen. Aber er besitzt großen Respekt und Wertschätzung gegenüber der Person, die ihm gegenübersitzt. Er geht in die innerliche Reflektion und sieht die vielen Gelegenheiten, durch die er mehr hätte lernen können. Jimmy Carter ist eben auch „nur" ein Mensch. Schließlich schluckt er und sagt: „Nein, Sir, ich habe nicht immer mein Bestes gegeben." Admiral Rickover blickt ihn lange an und beendet das Gespräch, indem er sich schlicht in seinem Stuhl umdreht. Zum Schluss stellt er Jimmy Carter noch eine Frage, die dieser nie vergessen wird: „Warum nicht?" Carter bleibt noch eine Weile erschüttert sitzen und verlässt dann langsam den Raum.

Jimmy Carter wurde 24 Jahre später Präsident und gilt heute als „Elder Statesman". Seine sozialen Projekte bei der Bekämpfung und

Ausrottung bestimmter Krankheiten in Afrika genießen hohe Achtung, und seine Meinung und sein Rat werden gesucht und wertgeschätzt.

Wie Jimmy Carter sind wir auch „nur" Menschen. Wir kommen im Laufe unserer menschlichen Entwicklung an Punkte, an denen Zweifel aufkommen, an denen wir gegen unser Gewissen verstoßen und nicht das tun, was das Beste für uns und andere ist. Aber wie Carter haben wir die Fähigkeit, in uns liegendes Potential zu wecken und in der Welt umzusetzen. Manchmal zweifele ich, ob mir Yoga etwas gebracht hat und ich frage mich, ob ich je ein vollständiger und zufriedenerer Mensch werden kann. Aber wenn ich zurückblicke und vergleiche, wie mein Leben vor 25 Jahren aussah und wo ich heute stehe, sehe ich die Unterschiede und bin dankbar für meinen Weg. Wir brauchen Geduld und wir brauchen Mitgefühl mit uns. Leben bietet einen Raum, Fehler zu machen und diese als Lernerfahrungen zu begreifen. Wie schon gesagt, selbst die kleinste Bemühung ist nicht vergebens.

Yamas und Niyamas geben diese Möglichkeit, aber wir können nur von dem Punkt aus starten, an dem wir gerade stehen. Es ist nicht für alle möglich, auf die gleiche Art und Weise zu üben. Wenn wir dies erkennen, werden wir die Dankbarkeit und das Verständnis dafür entwickeln, weiter an uns zu arbeiten.

Und: Warum nicht das Beste geben?

Anhang

Anmerkungen

1 In: Giorgio Colli u. Mazzino Montinari (Hrsg.): *Werke. Kritische Gesamtausgabe,* Bd. 3. Berlin; New York: de Gruyter, 1969.
2 *Der SPIEGEL,* Nr. 4/Januar 2011.
3 B. K. S. Iyengar: Licht auf Yoga. Das grundlegende Lehrbuch des Hatha-Yoga. München: O. W. Barth, 2010.
4 Den Text der Zehn Gebote findet man unter anderem auf der Homepage der Evangelischen Kirche in Deutschland unter *http://www.ekd.de/glauben/zehn_gebote.html.*
5 Den Lebensempfehlungen des Buddhismus wurde folgende Quelle zugrunde gelegt: *Empfehlungen für Schüler der Vipassana Meditation;* Kloster Watpo, Thailand, Abt Dr. Somchai Kantasilo. Sie gelten für Gäste, Novizen und Mönche während ihres Aufenthalts im Kloster.
6 Ulrich Fritsch: „Die Niyamas – Wegweiser durch den Entwicklungsprozesse". In: *Deutsches Yoga-Forum 03/2005.*
7 Die in diesem Buch zitierten Yoga-Sutras wurden vom Autor aus dem Englischen übersetzt. Dabei wurde folgende Übertragung zugrunde gelegt: Swami Nityamuktananda Saraswati: *Seeing Yoga – A Contemplation of Patanjali's Yoga Sutras.* Ediciones Ambrosia, 2005.
8 Nach: fab/dpd/AFP/dap: „Waffenhandel boomt weltweit". *SPIEGEL ONLINE,* 19.03.2012; URL: *http://www.spiegel.de/politik/ausland/friedensforscher-sipri-waffenhandel-waechst-um-ein-viertel-a-822098.html* [Stand: 22. Juni 2012].
9 Nach: Clemens Purtscher; Christian Salmhofer; Melanie Sopper: „Wie viel Fleisch erträgt die Welt?". In: *Sustainable Austria,* Nr. 13/September 2000, S. 5 – 9.
10 Albert Schweitzer: *Selbstdarstellung.* Leipzig: Felix Meiner Verlag, 1929, S. 38.
11 *Deutsches Yoga-Forum 02/2005,* S. 8.
12 *Gandhi;* Spielfilm USA, Großbritannien, Indien 1982; Regie: Richard Attenborough; mit Ben Kingsley als Mahatma Gandhi.
13 dpa/AFP/Reuters: „Die letzten Kampftruppen haben den Irak verlassen", *ZEIT ONLINE* 18.12.2011; URL: http//www.zeit.de/politik/ausland/2011–2012/usa–irak–truppenabzug [Stand: 22. Juni 2012].

14 Die in diesem Buch zitierten Auszüge aus der *Bhagavad Gita* wurden folgender Ausgabe entnommen: Richard Garbe (Hrsg.): *Die Bhagavad Gita.* Übersetzung aus dem Sanskrit von Richard Garbe. Leipzig: H. Haessel, 1905. Um das Verständnis für den Leser zu erleichtern, wurde der Text behutsam an den heutigen Sprachgebrauch angepasst.

15 Sukadev Volker Bretz: *Die Yogaweisheit des Patanjali für Menschen von heute.* Petersberg: Verlag Via Nova, 4. Aufl. 2010, S. 119.

16 Hans Jürgen Schultz: *Liebhaber des Friedens.* München: dtv, 1989, S. 186 f.

17 Mahatma Gandhi: *Worte des Friedens,* S. 99 © Verlag Herder GmbH, Freiburg i. Br., 13. Gesamtauflage 2002.

18 Die Entwicklung der hier und auf S. 59 abgebildeten Wertequadrate erfolgte auf der Grundlage von: Friedemann Schulz von Thun: *Miteinander reden 2.* Reinbek b. Hamburg: Rowohlt 1999, S. 38 – 54.

19 Mahatma Gandhi: *Worte des Friedens,* S. 100 © Verlag Herder GmbH, Freiburg i. Br., 13. Gesamtauflage 2002.

20 Nach: Uli Schulte: „Alles Lüge". In: *Wirtschaftswoche,* 05.01.2009.

21 Mahatma Gandhi: *Worte des Friedens,* S. 78 © Verlag Herder GmbH, Freiburg i. Br., 13. Gesamtauflage 2002.

22 Mahatma Gandhi: *Worte des Friedens,* S. 85 © Verlag Herder GmbH, Freiburg i. Br., 13. Gesamtauflage 2002.

23 Alison Beard: „Fünf Minuten mit … Annie Lennox". In: *HBM 07/2011,* S. 106 © Harvard Business Manager.

24 Nach: Ulrich von Alemann: „Zu aller Zeit, an jedem Ort – Kleine Geschichte der Korruption ". In: *Der Überblick – Zeitschrift für ökumenische Begegnung und internationale Zusammenarbeit,* Nr. 2/Juni 2006, S. 22.

25 Nach: Dudu Musway: „Bestechende Lebenskunst – Alltagsriten der Korruption in der Demokratischen Republik Kongo ". In: *Der Überblick – Zeitschrift für ökumenische Begegnung und internationale Zusammenarbeit,* Nr. 2/Juni 2006, S. 7; 9.

26 Nach: *Raising Resistance;* Dokumentation 2011; Regie: David Bernet und Bettina Borgfeld; Pandora Filmverleih.

27 In: Elisabeth Haich (Hrsg.): *Der Tag mit Yoga.* Ergolding: Drei-Eichen-Verlag, 10. Aufl. 1993 © Aquamarin-Verlag, Grafing.

28 Weitere Informationen und Übungen zum Thema Shatkarma finden Sie in meinem Buch: *Yoga-Reinigung Shatkarma. Entgiften und verjüngen mit Yoga und Ayurveda.* Windpferd-Verlag: Oberstdorf, 2. Aufl. 2012.

29 Nach: Swami Anubhavananda: *Indolance, Satisfaction and Happiness.* Vortrag gehalten im pantarhei-Ashtanga Yoga. Hamburg, August 2009.

30 *Yoga International,* Juli/August 1993, S. 33 – 37.

31 Fragen und Antworten im Ashram, Rishikesh, 1992.

32 In: Elisabeth Haich (Hrsg.): *Der Tag mit Yoga.* Ergolding: Drei-Eichen-Verlag, 10. Aufl. 1993. – © Aquamarin-Verlag, Grafing.

33 Nach: Pandit Rajmani Tigunait (PH.D.): *Inner Quest – Yoga's Answers to Life's Questions.* Honesdale, Pennsylvania: Himalayan Institute Press, 1995.

34 In: *Weltgeschichtliche Betrachtungen.* Hrsg. von Albert Oeri. New Hampshire: Ayer Company Publishers Inc., 1929, S. 426.

35 Übersetzt nach: *Ramakrishna. His Life and Sayings.* Übersetzt ins Englische von F. Max Müller. In: Collected Edition of Prof. Max Müller's Works. New York u. a. O.: Longmans, Green & Co. 1898, S. 102.

36 Nach: Jimmy Carter: *Why not the Best?* Nashville: Broadman Press, 1975.

Literaturverzeichnis

A

Awasthi, Dr. B. M.: „Starting from where we are – The Yoga Sutras of Patanjali". In: *Yoga International,* September/Oktober 1991.

Arya, Pandit Usharbudh: „Yamas & Niyamas". In: *Dawn Magazine,* Winter 1982.

B

Boldt, Laurence G.: *Zen and the Art of Making a Living: A Practical Guide to Creative Career Design.* New York: Penguin Compass, 1999.

Bretz, Sukadev Volker: *Die Yogaweisheit des Patanjali für Menschen von heute.* Petersberg: Verlag Via Nova, 4. Auflage 2010.

Bretz, Sukadev Volker: „Yoga und Sexualität". In: *Yoga aktuell,* August/September 2002.

C

Chetanandana, Swami: *Meditation und ihre Methoden nach Vivekananda.* Gladenbach: Hinder und Deelmann, 2. Aufl. 1990.

D

Desikachar, T.K.V.: Yoga: *Tradition und Erfahrung – Die Praxis des Yoga nach dem Yoga Sutra des Patanjali.* Petersberg: Verlag Via Nova, 2003.

E

Ebert, Dietrich: *Physiologische Aspekte des Yoga.* Leipzig: Thieme, 1989.

F

Fritsch, Ullrich: „Die Niyamas – Wegweiser durch den Entwicklungsprozess". In: *Deutsches Yoga-Forum, 03/2005.*

K

Kobs, Alexander: *Shatkarma – Die Geheimnisse der Yoga-Reinigung.* Oberstdorf: Windpferd Verlag, 2012.

P

Prabhavananda, Swami / Isherwood, Christoph: *Gotterkenntnis durch Yoga – Die Aphorismen des Patanjali mit Kommentaren.* München: Drei Eichen Verlag, 1962.

R

Rajagopalachari, Chakravarthi: *Mahabharata.* Bombay: Bharatiya Vidya Bhavan, 1990.

Rama, Swami: *Inspired Thoughts – Self-Analysis and Self-Enlightenment.* Honesdale, Pennsylvania, USA: Himalayan Publishers, 1982.

Ranade, Subhash: *Ayurveda – Wesen und Methodik.* Stuttgart: Haug, 2., durchges. Aufl. 2004.

S

Satchidananda, Swami: *The Yoga Sutras of Patanjali.* Yogaville Virginia: Integral Yoga Publications, 1978.

Shankar, Sri Sri Ravi: Vortragsreihe „Die Yoga Sutras des Patanjali". In: *Yoga Aktuell,* November/Dezember 2002; März/April 2003.

Sivananda, Swami: *Practice of Brahmacharya.* Indien: The Divine Life Society, 1988.

Sovik, Rolf: „The Pursuit of Pleasure". In: *Yoga International,* Juli/August 1993.

Sovik, Rolf / Anderson, Sandy: *Yoga – Die Basis für Gesundheit, Harmonie, Spiritualität.* München: Integral, 2004.

T

Tigunait, Pandit Rajmani (PH.D.): *The Power of Mantra & The Mystery of Initiation.* Honesdale, Pennsylvania, USA: Himalayan Institute Press, 1996.

U

Unger, Carsten / Hofmann-Unger, Katrin: *Yoga und Psychologie: Persönliches Wachstum und Risiken auf dem Übungsweg – Ein Leitfaden für Übende und Lehrende.* Ahrensburg: Verlag Ganzheitlich Leben, 1999.

V

Swami Vivekananda: *Raja-Yoga.* Freiburg i. Br.: Hermann Bauer Verlag, 1988.

W

Wolz-Gottwald, Eckard: *Yoga-Philosophie-Atlas.* Petersberg: Verlag Via Nova, 2006.

Über den Autor

Alexander Kobs begegnete dem Yoga Ende der Achtzigerjahre. Mehrjährige Aufenthalte in Meditationszentren in den USA, Indien und Deutschland trugen dazu bei, sein Wissen über den Yoga zu vertiefen.

Er ist u.a. Autor von „Yoga-Reinigung Shatkarma – Entgiften und verjüngen mit Yoga und Ayurveda".

Danksagung

Dieses Buch wäre nicht möglich gewesen ohne die Menschen, die mich in den letzten Jahren begleitet und unterstützt haben.

Maren Grziwotz brachte den Spaß und die Musik zu mir – ich verdanke dir wirklich sehr viel.

Christian und Anja Carow, Cornelia und Volker Seubert, Jan-Peter Ohling, Johanna Kamp, Marcus Baumann, Armin Müller, Karin Dröge, Petra Brühl, Birte Grasshoff, Maritta Rösler, Sandra und Johann-Christoph Quantz, Kerstin Leperski und Janette Rauch gaben Verständnis, Freundschaft, Geduld, Austausch und Halt – und schenkten mir immer ein offenes Ohr, selbst in schwierigen Zeiten von Veränderungen und Umbrüchen in meinem Leben. Ich danke euch sehr.

Für Christine Pfalz, Wolfgang Schulte am Hülse und Birgit Heine: Dass ich die Liebe und das Lachen wieder neu für mich entdeckte, ist auch eurer Verdienst – mein innigster Dank dafür an euch.

Ein besonderer Dank gebührt ebenfalls Frau Dr. Edith Ulmer, Ausbildungsschulleiterin und Dozentin in der Yoga-Lehrausbildung am Himalaya Institut für Yogawissenschaft und Philosophie in Hamburg. Sie gab mir den Impuls, dieses Buches zu schreiben – und mit ihrer liebevollen und kompetenten Kritik half sie mir sehr bei dessen Fertigstellung. Von Udo Geske kam der Hinweis, Risiken und Potenziale der zehn Lebensempfehlungen zu untersuchen, und meine Überlegungen gewannen dadurch an Qualität und erhielten eine neue Richtung.

Martina Kobs-Metzger und Michael Kunst halfen mir bei der Sichtung und den ersten Korrekturen am Manuskript. Ein Dankeschön geht auch an Swami Nityamuktananda Saraswati (Dr. Christa-Maria Herrmann), die mir ihre Interpretation der Yoga-Sutras für dieses Buch zur Verfügung stellte, sowie an Bernd Bachmeier (Yogaschule Braunschweig).

An meine Teamkollegen von Detego Consulting: Dr. Charlotte Heidsiek, Ralf Seidel, Andreas Kabisch, Oliver Rothfuß, Joerg Wacha, Christian Brauner und Andreas Schwarzenhölzer – unser Zusammenarbeiten fordert und fördert; eine echte Herausforderung, die mit vielen Wachstumsimpulsen für mich verbunden ist. Besten Dank an euch.

An den Windpferd Verlag: Danke für die jahrelange vertrauensvolle Zusammenarbeit – und die kompetente, liebenswerte Unterstützung durch Monika Jünemann, Kristina Oerke, Doris Wolter und Barbara Wermann.

Dies Buch wäre nicht denkbar ohne die Menschen, die den Yoga erforscht haben und mich dadurch dem Yoga näher brachten. Unter den Autoren, die im Literaturverzeichnis genannt werden, sind insbesondere Pandit Rajmani Tigunait, Rolf Sovik und Phil Nürnberger von immenser Bedeutung für meine persönliche Auseinandersetzung mit Yoga gewesen. Dafür danke ich ihnen aufrichtig, ebenso wie meinen ersten Yogalehrerinnen Ellen Hammerström und Helga Steckmann.